Epicure et la place de l'épicurisme dans l'histoire de l'esprit humain

Ludovic Carrau
Jean-Marie Guyau

Édition : BoD · Books on Demand, 31 avenue Saint-Rémy, 57600 Forbach, bod@bod.fr
Impression : Libri Plureos GmbH, Friedensallee 273, 22763 Hamburg (Allemagne)
ISBN : 978-2-3224-9640-2
Dépôt légal : Décembre 2024

Epicure, son époque et sa religion

I

La place de l'épicuréisme dans l'histoire de l'esprit humain est considérable et hors de toute proportion avec le génie de l'auteur même du système. Épicure, — les anciens l'avaient déjà remarqué, — n'est pas original. Sa physique, on le sait, il l'emprunte presque tout entière à Démocrite, et, pour ce qu'il y ajoute, il la gâte plutôt qu'il ne l'améliore. Sa morale, on le sait également, avait été esquissée dans ses traits principaux par les cyrénaïques et les sophistes. Ce qui fait l'intérêt durable de sa philosophie ne lui appartient pas. Qu'est-ce donc qui explique le prestige du nom d'Epicure, et fait qu'une doctrine, déjà constituée avant lui dans ce qu'elle a d'essentiel, est et sera toujours dans l'histoire l'épicuréisme ?

Il me paraît qu'on en peut donner plusieurs raisons. La première, et la moins importante, c'est peut-être qu'Épicure crut et sut faire croire à ses disciples qu'aucun philosophe digne de ce nom n'avait paru avant lui, qu'il avait apporté le premier et à jamais toute la vérité et les seules conditions du salut. Cette raison peut sembler bien faible ; la postérité, dira-t-on, n'a pas l'habitude de prendre ainsi de confiance les gens pour ce qu'ils se donnent ; elle n'accepte pas sans bénéfice d'inventaire les apothéoses organisées par des adeptes enthousiastes ; elle met chacun à sa vraie place. — Oui, presque toujours, mais pas toujours. Il n'est pas entièrement inutile, même devant l'histoire, de se vanter  et d'avoir des gens qui vous vantent, surtout s ces panégyristes, il se trouve un poète de l'ân génie de Lucrèce : il en reste toujours quelque Pour exciter de telles admirations, pour avoir une telle idée de soi-même et de son œuvre, ne faut-il pas qu'on soit un bien grand homme ?

Cette adoration (le mot doit être pris à la lettre), dont Épicure fut l'objet de la part de ses disciples, est suffisamment connue par Lucrèce ; *deus ille fuit*. Il n'est cependant pas sans intérêt de rappeler les expressions de Plutarque, qui parle des cris tumultueux, des hurlements, des applaudissements forcenés, des apothéoses, du culte-insensé par lesquels les épicuriens célébraient la vertu du maître. C'était une sorte de délire religieux, comme celui des dévots de Cybèle, de Bacchus ou d'Adonis, et, pour le dire en passant, ce témoignage de Plutarque s'accorde assez mal avec le caractère d'indifférence languissante et d'ataraxie presque bouddhique que l'on attribue généralement à la secte épicurienne. Une anecdote du même Plutarque nous montre Colotès, un jour qu'il entendait Épicure discourir sur la physique, se jetant brusquement aux genoux du maître ; ce fut aux yeux d'Épicure le signe infaillible des aptitudes tout à fait extraordinaires de Colotès : « Comme saisi à mes paroles d'un respect religieux, lui écrit-il, il vous prit subitement un désir surnaturel de vous prosterner devant moi, d'embrasser mes genoux, de vous coller à moi, de me donner tous les signes ordinaires d'adoration et de m'adresser des prières. Aussi, de mon côté, vous ai-je regardé comme un personnage sacré et digne de tous mes hommages. » Voilà qui est piquant : à l'adoration du disciple pour le maître répond l'adoration du maître pour le disciple. C'est l'école de l'adoration mutuelle.

Une autre raison qui peut expliquer aussi, partiellement du moins, la popularité et la gloire d'Épicure, c'est qu'il eut beaucoup d'ennemis. A l'exception de Spinoza, il n'y a peut-être pas de philosophe qui ait été plus injurié. Son absolu mépris pour tous ses prédécesseurs, pour les poètes, les rhéteurs, les savants, provoqua de fâcheuses représailles. On calomnia ses intentions, sa vie privée ; on l'accusa d'hypocrisie, on lui imputa les plus grossières débauches. Or l'acharnement des ennemis grandit souvent un personnage. De telles haines ne s'attaquent pas d'ordinaire aux hommes médiocres. L'excès des injures appelle l'excès des réhabilitations, d'autant qu'aux yeux de l'historien, venger, une mémoire flétrie prend aisément la couleur d'une œuvre de justice et de générosité. Aux deux siècles derniers et de nos jours surtout, Épicure a bénéficié de ces dispositions. Joint à cela qu'en le glorifiant, quelques-uns de ses modernes adeptes se trouvaient du même coup faire acte d'hostilité indirecte contre des croyances qu'il n'eût pas toujours été prudent de combattre en face.

Mais si l'on s'en tient à l'antiquité, on n'aura pas à chercher les causes du succès et de la réputation d'Épicure ailleurs que dans les besoins de l'époque où il parut. Comprendre son temps, lui apporter ce qui lui manque et dont l'absence entretient dans les âmes un vague malaise qui devient à mesure plus douloureux, voilà un mérite qui n'est pas vulgaire. Il est d'habitude récompensé par la gloire. Il importe donc à qui veut comprendre l'épicuréisme de se retracer à grands traits non-seulement l'état des esprits, mais aussi la situation politique et sociale de la Grèce vers la fin du IVe siècle. Certains historiens de la philosophie, surtout depuis Hegel, ont une tendance à voir dans la succession des systèmes le rythme nécessaire d'une sorte de dialectique abstraite et idéale, le développement, l'opposition ou la synthèse de concepts purement logiques. Zeller est un peu de cette école, et Lange le lui reproche avec quelque raison. Je crois, en effet, qu'il faut tenir le plus grand compte, quand il s'agit de l'antiquité, des circonstances extérieures, du milieu, comme on dit aujourd'hui. Cela est surtout vrai à partir d'Aristote. C'est alors le problème moral, la question du souverain bien, qui tient la première place dans les préoccupations et les recherches des penseurs. Les conditions de la paix de l'âme, d'un bonheur véritable, solide, indestructible, voilà ce qu'il s'agit de trouver. Métaphysique, logique sont subordonnées à la morale et mises entièrement à son service. Et cette morale même, si l'on prétend la construire comme théorie, c'est pour qu'elle ait une influence plus directs et plus puissante sur la pratique : Nulle tradition : religieuse, nul enseignement sacerdotal ne donnaient les règles de la bonne vie ; les leçons des philosophes étaient alors ce qu'est pour les âmes chrétiennes la prédication. Aussi, à partir d'Épicure, voyons-nous éclater entre les écoles des rivalités qui rappellent l'âpreté trop fréquente des querelles entre sectes religieuses. On se disputait, non-seulement des esprits, mais des consciences. Les philosophes devinrent de plus en plus de véritables directeurs, au sens ou le XVIIe siècle prenait ce mot. Bientôt ils auront un costume, un extérieur qui les distingue du vulgaire : c'est, pour la plupart d'entre eux, la barbe et les cheveux longs, la besace, le bâton, le manteau. Dépouiller ces attributs philosophiques eût été aussi grave pour un stoïcien, pour un cynique, que pour un religieux chrétien la violation de ses vœux. Épictète mourrait plutôt que de laisser couper sa barbe.

Sans doute, le désir de se singulariser fut pour beaucoup dans tout cela ; mais ce désir même avait parfois sa source dans de nobles motifs. « Je suis étonné, dit le *Cynique* de

Lucien à son interlocuteur, que toi, qui conviens qu'un cithariste doit avoir une robe longue, un joueur de flûte un costume, un acteur tragique une robe traînante, tu ne veuilles pas qu'un homme vertueux ait sa robe et son costume. Tu prétends qu'il doit avoir un extérieur semblable à celui de tout le monde, quand tout le monde est vicieux. Ah ! s'il faut aux gens de bien un costume particulier, quel autre leur convient mieux que celui qui contraste le plus avec les mœurs des hommes perdus de débauches et pour lequel ils témoignent le plus d'aversion ? — Tel était, dit-il encore, le goût de tous les anciens, qui valaient mieux que nous. Aucun ne se serait laissé raser, pas plus qu'un lion. Ils pensaient que la délicatesse et la douceur de la peau ne conviennent qu'à des femmes ; ils voulaient paraître ce qu'ils étaient, c'est-à-dire des hommes ; ils regardaient la barbe comme un ornement de la virilité, de même que la crinière est celui des chevaux et des lions, auxquels Dieu l'a donnée pour rehausser leur beauté et leur parure. C'est aussi pour cela que les hommes ont reçu leur barbe. »

Pour certaines âmes convaincues, embrasser la vie philosophique c'était donc, comme de nos jours, embrasser la vie religieuse. On connaît le beau portrait que trace Épictète du cynique idéal : c'est un véritable missionnaire. Il doit se dévouer tout entier à l'enseignement du genre humain. Il ne se mariera pas, car les affections domestiques pourraient énerver sa force morale. Il couchera sur la terre ; sa nourriture sera des plus simples ; il s'abstiendra de tous les plaisirs, et pourtant donnera toujours l'exemple d'un contentement inaltérable. Sous peine d'attirer sur soi la colère divine, il est interdit d'entreprendre une telle mission, si l'on ne se sent spécialement appelé et assisté par Jupiter. Le vrai cynique est auprès des hommes l'ambassadeur de Dieu ; à tout propos et hors de propos, il combat leur frivolité, leur lâcheté, leurs vices. Il arrête le riche sur la place publique, il prêche le peuple dans la rue. Il ne connaît ni respect ni crainte. Il regarde tous les hommes comme ses fils, toutes les femmes comme ses filles. Mauvais traitements, exil, mort, n'ont, à ses yeux, rien de redoutable ; et, s'il est battu, il aimera qui le bat, car il est à la fois le père et le frère de tous les hommes.

Bien souvent, aux premières épreuves, le cœur manquait. « Semblables, dit Plutarque, à des voyageurs qui s'éloignent d'un pays qu'ils connaissent sans voir encore celui où ils doivent aller, ces nouveaux philosophes,... livrés à des agitations cruelles, flottent quelque temps dans l'incertitude, reviennent sur leurs pas et renoncent à leur entreprise. » Plutarque nous raconte l'histoire d'un Romain, nommé Sestius, qui avait quitté charges et dignités pour embrasser la philosophie ; mais il fut tellement découragé par les difficultés du début, qu'il pensa se précipiter du haut d'un toit. Il y a quelque chose de touchant dans l'anecdote rapportée sur Diogène. « Pendant que les Athéniens célébraient une fête solennelle et passaient les jours et les nuits dans les festins, il se retira le soir, dans un coin de la place publique, pour y passer la nuit. Il fut assailli d'une foule de réflexions qui combattaient la résolution qu'il venait de prendre et portaient à son âme de vives atteintes. Il se représentait à lui-même que, sans aucune nécessité, il embrassait un genre de vie dur et sauvage, qui l'isolait du reste de la société, et le laissait dénué de toute sorte de biens. Dans le trouble que lui causaient ces pensées, il vit une souris se glisser auprès de lui et ronger les miettes qui tombaient de son pain. A cette vue, reprenant courage et se reprochant sa faiblesse : « Eh ! quoi ! Diogène, se dit-il à lui-même, cet animal se nourrit et se régale de tes restes : et toi, l'homme supérieur, parce que tu ne prends point part à ces festins dissolus, que tu n'es pas couché sur des lits moelleux et richement parés, tu pleures, tu te lamentes ! »

Certaines écoles imposaient aux disciples de longues initiations, parfois des pénitences douloureuses pouvant compromettre la santé et la vie. « Les uns, dit le *Nigrinus* de Lucien, veulent qu'on enchaîne leurs élèves ; d'autres qu'on les fouette ; d'autres, que ceux qui ont un joli visage se tailladent avec le fer... Il ajouta que plusieurs jeunes gens étaient morts des suites de ces pratiques insensées. » Il fallait retenir par cœur et posséder d'une mémoire imperturbable une sorte de catéchisme. Il fallait pénétrer dans les replis les plus secrets des doctrines avant d'entrevoir le moment d'atteindre au souverain bien, de participer au bonheur parfait et absolu. Dans l'*Hermotime* du même Lucien, le sceptique Lycinus rencontre son ami, un adepte du stoïcisme. Hermotime, un livre sous le bras, se rend chez son maître de philosophie. Il marche vite, et, tout en marchant, il remue les lèvres, murmure tout bas ; sa main agitée se porte çà et là, comme celle d'un homme qui compose un discours ou prépare quelque subtil argument. Lycinus s'étonne qu'Hermotine ait l'air si sombre et si inquiet ; il doit être parvenu depuis longtemps à la sagesse, ou tout près d'y parvenir ; « car, dit-il, si ma mémoire ne me trompe pas, il y a quelque vingt ans que je ne te vois faire autre chose qu'aller assidûment chez les maîtres, te courber sur les livres, ou transcrire sans relâche les notes prises aux conférences, tout pâle et tout amaigri par tant de travaux ; et je suis persuadé que la nuit même, en dormant, tu rêves encore aux objets de ton étude, » Hermotime avoue que, malgré tout cela, il ne fait encore qu'apercevoir la route qui mène au souverain bien. Lycinus, étonné, lui demande quand il espère posséder pleinement la doctrine qui confère la sagesse. « Sera-ce dans un an ? — Ce serait bientôt, répond Hermotime. — Ce sera donc pour la prochaine olympiade ? — Ce serait bien peu de temps encore. — Mettons deux olympiades. — Ce n'est pas assez ; » et le pauvre Hermotime s'estimera heureux si, au bout de vingt ans, il a pénétré dans la philosophie stoïcienne aussi profondément que son maître. Plus loin, Lycinus fait plaisamment le compte de ce qu'il faut d'années pour bien connaître les principaux systèmes : vingt pour celui de Pythagore, plus les cinq ans de silence ; autant pour Platon, autant pour Aristote ; le stoïcisme et l'épicuréisme n'en exigent pas moins de quarante chacun. En supposant dix sectes philosophiques, on voit quel âge on aura le jour où l'on sera en mesure de décider quelle est la bonne.

Ce sont là des bouffonneries, je le sais ; mais les bouffonneries de Lucien ne sont très probablement que le grossissement démesuré d'une observation exacte. Je sais aussi que je mêle un peu les époques : je n'ai pas rigoureusement le droit de reporter au siècle d'Alexandre ce qui a pu être vrai de ceux de Néron ou d'Hadrien. Toujours est-il que c'est surtout depuis Aristote que nous voyons la philosophie devenir ainsi pour ses adeptes une affaire de salut.

Et le vulgaire, tout en se moquant de la singularité qu'affectaient trop souvent les philosophes, avait quelquefois pour eux des sentiments analogues à ceux qu'inspirent de saints personnages. Il avait regardé d'un œil inquiet, irrité, intolérant, ceux qui étaient avant tout des savants : un Anaxagore, un Aristote, ou ceux qu'il soupçonnait de vouloir toucher aux dieux, comme Socrate ; mais les professeurs et les initiateurs de la vie heureuse ou vertueuse, il n'était pas loin de leur vouer un culte. Epicure, il est vrai, n'est dieu que pour ses disciples, et les épicuriens sont même chassés, au témoignage d'Élien, de la Crète et de la Messénie, ce qui s'explique par leur affectation de ne vivre qu'entre eux et à l'écart. Mais après la mort de Pyrrhon, les Athéniens lui élèvent une statue d'airain. Si l'on en croit Lucien, le stoïcien Démonax, d'ailleurs inconnu, fut un objet de vénération pour tous les Athéniens et pour la Grèce entière. Sur son passage, les magistrats se lèvent, et chacun fait silence. Devenu vieux, il entre, sans être invité, tantôt chez l'un, tantôt chez l'autre, pour souper et passer la nuit, et son apparition est accueillie comme celle d'un dieu. Les boulangères se disputent le bonheur de lui offrir son pain ; les enfants lui apportent des fruits et l'appellent leur père. Quand il meurt, on lui fait des obsèques magnifiques aux frais de l'état ; les Athéniens conservent avec vénération et couronnent de fleurs le siège sur lequel il avait l'habitude de se reposer ; la pierre où il s'est assis passe pour sacrée. Tout le monde suit ses funérailles, et ce sont les confréries des philosophes qui, sans distinction de doctrines, chargent le corps sur leurs épaules et le portent à son tombeau.

Ces détails n'étaient pas inutiles à rappeler ; les mettent en pleine lumière le caractère à peu près exclusivement moral et pratique de la philosophie après Aristote, par suite la nécessité, pour comprendre la signification de l'épicuréisme, de jeter un coup d'œil sur l'état des âmes et sur le milieu politique et social où il parut.

II

A l'époque où Épicure commença d'enseigner, la Grèce est abattue sous le joug des successeurs d'Alexandre, endormie dans une langueur mortelle, incapable de persévérants efforts pour reconquérir sa liberté perdue, consolée presque d'une perte que lui faisaient légère son insouciance et sa frivolité. Il semble que, dans ce naufrage de toutes les vertus militaires et civiques, la philosophie épicurienne fut celle qui dût naturellement séduire le plus grand nombre, et le peuple même devait être tenté d'accourir dans ces jardins ouverts à la prédication de l'indifférence et de la volupté. Le succès de l'épicuréisme s'expliquerait donc, comme de lui-même, par la conformité de la doctrine avec l'abaissement des âmes et des caractères. — Une telle explication serait de tout point insuffisante. En général, une doctrine philosophique, morale, religieuse, n'a chance de réussir que si elle apporte quelque chose de nouveau, et si elle présente un contraste plus ou moins violent avec les maximes, les habitudes, les mœurs courantes de l'époque où elle se produit. Si elle répond à un besoin des âmes, et si c'est par là qu'elle les attire, c'est apparemment que les âmes cherchaient vainement autour d'elles ce que la doctrine est venue leur offrir. Par suite, plus une époque est corrompue, plus il est vraisemblable qu'une philosophie ou une religion austère y seront favorablement accueillies, non peut-être par la foule, mais par une élite. Tel fut le cas pour l'épicuréisme. Il dut sa fortune, non pas à sa complaisance, mais à la rigueur de ses préceptes et de sa discipline.

Voici quelques traits du tableau que nous trace l'historien Droysen de l'état moral de la Grèce vers l'an 307, au moment où Epicure ouvrait son école à Athènes. Je cite textuellement la traduction que nous devons à M. Bouché-Leclercq : « Les masses appauvries, immorales ; une jeunesse assauvagie par le métier de mercenaires, usée par les courtisanes, détraquée par les philosophies à la mode ; une dissolution universelle, une agitation bruyante, une exaltation fiévreuse. »

Pour Athènes en particulier, voici comment s'exprime l'historien : « Ces deux choses, la légèreté la plus coquette et la plus abandonnée, et la culture délicate, aimable et spirituelle qu'on a désignée depuis sous le nom d'atticisme, sont les traits caractéristiques de la vie d'Athènes sous la domination de Démétrius de Phalère. C'est une affaire de bon ton de visiter les écoles des philosophes ; l'homme à la mode est Théophraste, le plus adroit des disciples d'Aristote, sachant rendre populaire la doctrine profonde de son illustre maître, réunissant mille, deux mille élèves autour de lui, plus admiré, plus heureux que ne le fut jamais son maître. Cependant ce Théophraste, et quantité d'autres professeurs de philosophie, étaient éclipsés par Stilpon de Mégare. Quand Stilpon venait à Athènes, les artisans quittaient leurs ateliers pour le voir ; quiconque pouvait accourait pour l'entendre ; les hétaïres affluaient à ses leçons pour voir et pour être vues chez lui, pour exercer à son école cet esprit piquant par lequel elles charmaient tout autant que par leurs toilettes séduisantes et l'art de réserver leurs dernières faveurs. Ces courtisanes jouissaient de la société habituelle des artistes de la ville, peintres et sculpteurs, musiciens et poètes ; les deux plus célèbres auteurs comiques du temps, Philémon et Ménandre, louaient publiquement dans leurs comédies les charmes de Glycère et se disputaient publiquement ses faveurs, sauf à l'oublier pour d'autres courtisanes le jour où elle trouvait des amis plus riches qu'eux. De la vie de famille, de la chasteté, de la pudeur, il n'en est plus question à Athènes ; c'est tout au plus si on en parle encore ; toute la vie se passe en phrases et en traits d'esprit, en ostentation, en activité affairée ; Athènes met aux pieds des puissants l'hommage de ses louanges et de son esprit, et accepte en retour leurs dons et leurs libéralités... On ne craignait que l'ennui ou le ridicule, et on avait les deux à satiété. La religion avait disparu, et l'indifférentisme de la libre pensée n'avait fait que développer davantage la superstition, le goût de la magie, des évocations et de l'astrologie ; le fond sérieux et moral de la vie, chassé des habitudes, des mœurs et des lois par le raisonnement, était étudié théoriquement dans les écoles des philosophes, et devenait l'objet de discussions et de querelles littéraires... »

Cette paix de dix ans, sous l'autorité sans contrôle de Démétrius de Phalère, avait développé à Athènes une prospérité matérielle inouïe. Le commerce, encouragé par le despote, faisait affluer les richesses ; attirés par l'éclat de la civilisation, par les hétaires, la science, les arts, les étrangers venaient de toutes parts dépenser leur argent dans la capitale des plaisirs, du luxe et des lumières. Les artistes ne pouvaient suffire aux commandes, soit des états ou tyrans étrangers, soit de la ville elle-même ; en trente jours, dit-on, trois cent soixante statues furent élevées, par décret du peuple, au seul Démétrius.

Remarquons-le, presque tous les traits du tableau que Droysen vient de nous présenter sont en opposition directe avec les dogmes et la discipline morale d'Épicure. Celui-ci proscrit toute agitation, toute exaltation ; il prêche la modération dans les plaisirs des sens, et cette modération, il veut qu'elle aille presque jusqu'à l'entière abstinence. Il est l'ennemi de la culture raffinée, de l'art et du beau langage, de la philosophie en tant qu'elle n'est qu'une occupation élevée pour l'esprit. Il recommande la vie à la campagne, loin des faveurs et des caprices de la multitude ou des tyrans. Les grandes richesses, par suite le commerce qui les attire et les amasse, sont incompatibles avec le bonheur, tel que l'entend le sage épicurien. On sait enfin comme la nouvelle doctrine déracine chez ses adeptes la superstition sous toutes ses formes : présages, divination, oracles, surtout ces cultes étrangers et orientaux, qui, dès avant la conquête d'Alexandre, avaient commencé d'envahir la Grèce, remplissant les âmes de trouble, d'épouvante, et des délires les plus honteux.

Ainsi, à qui regarde de près l'état moral des Grecs, principalement des Athéniens, au moment où s'ouvre l'école d'Épicure, il apparaît que celui-ci se donna et fut accepté comme un réformateur, non comme un complice, de la corruption générale. Sur presque tous les points il attaque, sans compromis ni transactions (au moins quant à la théorie), les mœurs, les opinions, les goûts de son époque, et, s'il fut suivi, c'est, encore une fois, précisément pour cela. Il y avait des âmes, en petit nombre, qui aspiraient à un idéal de perfection morale, qui souffraient du vide qu'elles sentaient en elles-mêmes, et que rien ne pouvait remplir de ce qui les entourait. De ces âmes, les unes allaient au stoïcisme ; les plus douces se firent épicuriennes.

Sur deux points seulement, l'épicuréisme n'est pas en opposition avec le tableau que trace l'historien de la Grèce vers la fin du IVe siècle. Comme ses contemporains, Épicure est peu soucieux de la famille et de la patrie. Mais si l'on excepte Socrate, je cherche vainement quel est le philosophe en Grèce qui ait donné quelque importance, dans la vie du sage, aux affections et aux devoirs domestiques. Quant au patriotisme tel que l'entendaient les Grecs, plusieurs fois déjà la philosophie l'avait dénoncé comme trop étroit. Démocrite voulait qu'on se déclarât citoyen du monde ; le stoïcisme, le pyrrhonisme, la nouvelle académie, ne sont pas, dans leur esprit, beaucoup moins cosmopolites que l'épicuréisme.

Il semblait d'ailleurs, surtout depuis la secousse imprimée par l'expédition d'Alexandre au monde grec, depuis les grandes monarchies militaires fondées par ses successeurs, que l'ancienne cité, — avec son indépendance égoïste et jalouse, les orages de sa place publique, les violences de sa démocratie ou de ses oligarques, les luttes incessantes de ses partis, la tyrannie qui toujours la menace et qu'elle ne réussit pas toujours à éviter, — fût une forme de l'existence sociale définitivement condamnée. Dans la cité, le citoyen n'existe que pour l'état, et il n'existe qu'en tant que citoyen ; privé de sa patrie, il est mort socialement, il n'a plus ni foyer, ni droits, ni dieux. Pour lui, le citoyen de la cité voisine est un étranger ; c'est même un ennemi, si des traités spéciaux ou des associations religieuses ne garantissent pas la paix. Chaque ville, si minuscule que soit son territoire, s'enferme dans un isolement haineux. Vers l'époque de Platon et d'Aristote, l'idée d'une communauté de race entre les Grecs, d'une sorte de fraternité de nature entre tous les membres de la famille hellénique, élargit l'ancien exclusivisme ; mais on sent d'autant plus vivement l'antagonisme irréconciliable qui sépare les Grecs des Barbares. Aristote dit encore que ceux-ci sont nés pour être esclaves. Il conseille à Alexandre de traiter les Grecs en capitaine, les Barbares en maître ; d'avoir pour ceux-là la sollicitude qu'on doit à des amis et des parents, de procéder avec ceux-ci comme avec des animaux et des plantes. Cet antagonisme, par un nouveau progrès, devait disparaître, et ce fut la plus pure gloire d'Alexandre d'avoir été sur ce point rebelle aux recommandations de son précepteur. « Il ordonna à tous, dit Plutarque, de considérer comme leur patrie le monde, comme leur acropole le camp, comme leurs parens les gens de bien, et comme étrangers les méchans. »

« Le plan de république dressé par Zénon, et que l'on admire tant, dit le même Plutarque, se résume dans ce point capital : que nous ne devons plus habiter des villes et des bourgades régies chacune par des juridictions spéciales, mais regarder tons les hommes comme autant de compatriotes et de concitoyens ; qu'il ne doit plus y avoir qu'un même genre de vie, un même ordre, comme si l'humanité était un grand troupeau vivant sur un pâturage commun. »

La conséquence de ce cosmopolitisme, c'est que la conception de la vie privée comme distincte de la vie et des obligations du citoyen devenait possible ; c'est que l'individu se sentait pour la première fois des droits, et prenait conscience de son indépendance, de sa valeur, de sa dignité en face de l'état jusqu'alors tout-puissant. Cette revendication de la liberté individuelle, au nom de l'universelle fraternité, devait apparaître aux yeux des partisans de l'ancien ordre de choses comme la ruine du patriotisme local, le seul que la Grèce ait connu. Et elle l'était en effet. « Ne nous méprenons pas sur cette époque, dit Droysen ; ce qui nous semble à nous, le fondement de l'ordre social, la liberté et le droit de l'individu, est apparu dans le monde grec comme une corruption des mœurs du bon vieux temps. »

Par là s'explique la sympathie des philosophes de cette période pour la monarchie, telle que la firent peser sur la Grèce Alexandre et quelques-uns de ses successeurs, Antipater, Polysperchon, Cassandre. Seule la monarchie, en maintenant dans un commun abaissement les cités, jalouses et ennemies les unes des autres, pouvait sauvegarder l'individu contre l'omnipotence de l'état local, toujours prêt à le ressaisir. « C'était une idée courante (à la fin du IVe siècle), dit Droysen, que, pour être philosophe, il fallait voir dans la démocratie une idée surannée et dans la royauté le véritable principe du temps. » Théophraste, le partisan le plus décidé de Cassandre, avait (nous l'avons dit tout à l'heure), plus de deux mille disciples qui conformaient sans doute leurs opinions politiques à celles de leur maître. Démocharès, le neveu de Démosthène, le patriote athénien, le chef du parti qui, avec l'aide d'Antigone et de Démétrius Poliorcète, renversa le protectorat macédonien de Démétrius de Phalère, cite, dans Athénée, plusieurs adeptes de l'école platonicienne qui arrivèrent, ou aspirèrent tout au moins à la tyrannie, entre autres un certain Timée, à Cyzique. Épicure, malgré son indifférence politique, a une tendresse évidente pour la monarchie.

Aussi, quand la démocratie athénienne, réussit à s'affranchir pour un instant du joug de Cassandre, l'année qui suivit l'entrée triomphale de Démétrius Poliorcète à Athènes, l'année peut-être où Épicure commença d'enseigner (306), Sophocle, fils d'Anticlide, fit-il rendre le célèbre décret qui interdisait, sous peine de mort, d'ouvrir une école philosophique sans l'autorisation du conseil et du peuple. Théophraste dut quitter Athènes, et sans doute avec lui d'autres philosophes s'exilèrent. Il faut se hâter d'ajouter, pour l'honneur de la démocratie athénienne, que le décret, attaqué l'année suivante comme illégal par le péripatéticien Philon, fut rapporté, et Sophocle condamné à une amende de 5 talents.

Parmi toutes ces âmes si facilement résignées à ne plus être politiquement libres, à ne plus avoir de patrie, ou, ce qui revenait au même, à échanger la patrie restreinte et agitée d'autrefois contre la grande cité mal définie et peu exigeante de l'univers, heureuses d'abandonner aux mercenaires de Cassandre ou d'Antigone le soin d'assurer la tranquillité de l'agora ; — parmi toutes ces âmes désenchantées de liberté et de vie politiques, fatiguées des stériles discussions des philosophes, celles, peu nombreuses, que tourmentait le souci de chercher en elles-mêmes la paix et le salut, de se ramasser sur soi, de se faire en quelque sorte toutes petites et toutes simples pour échapper aux tumultes des passions comme aux orages de la fortune, devaient trouver dans la doctrine épicurienne le port silencieux et inviolable où rien ne viendrait plus les troubler. Aristote déjà, malgré le caractère agissant et vraiment civique de sa morale, avait proclamé la royauté d'un homme de génie supérieure à la forme républicaine, et subordonné les vertus politiques aux vertus intellectuelles et contemplatives. Déjà Platon, témoin attristé et partial, peut-être jusqu'à l'injustice, des violences et des caprices de cet animal redoutable auquel il compare la démocratie athénienne, écrivait ces lignes où l'on croit entendre par avance la hautaine mélancolie de Lucrèce : « Celui qui goûte et qui a goûté la douceur et le bonheur qu'on trouve dans la sagesse, voyant clairement la folie du reste des hommes et la perpétuelle extravagance, on peut le dire, de tous ceux qui gouvernent ; n'apercevant d'ailleurs autour de lui presque personne qui voulût s'allier avec lui pour aller au secours des choses justes sans risquer de se perdre ; se regardant comme tombé au milieu d'une multitude de bêtes féroces dont il ne veut point partager les injustices, et à la rage desquelles il lui serait impossible de s'opposer tout seul ; sûr de se rendre inutile à lui-même et aux autres, et de périr avant d'avoir pu rendre quelque service à la patrie et à ses amis ; plein de ces réflexions, il se tient en repos, uniquement occupé de ses propres affaires ; et comme un voyageur assailli d'un violent orage s'abrite derrière un petit mur contre la poussière et la pluie que le vent soulève, de même, voyant que tous les hommes sont remplis de dérèglement, il s'estime heureux s'il peut lui-même passer cette vie pur de toute action inique et impie, et en sortir plein de calme et de douceur et avec une belle espérance. »

III

Platon veut que le sage quitte la vie avec une belle espérance ; pour l'âme épicurienne, l'espérance ne va pas sans la crainte, et la crainte est le pire des maux. Mais de toutes les sources de la crainte, il n'en est pas de plus abondante, de plus variée, de plus funeste, que la superstition. Nul bonheur assuré, nulle paix inaltérable, si l'on n'est parvenu à mettre pour toujours la superstition sous ses pieds.

Pour se faire une idée de l'état des esprits faibles et ignorants d'alors en proie à la superstition, il faut se reporter à ce que nous racontent les voyageurs de certaines tribus sauvages courbées sous la terreur du *tabou*. Le *tabou*, c'est l'objet qu'il est défendu de toucher, l'action qu'il est interdit de faire, sous peine de provoquer la colère des puissances surnaturelles. Tout, pour le malheureux sauvage, peut-être *tabou* : le poisson qu'il a pris et dont il va se nourrir, le gibier qu'il poursuit, l'arbre d'où pend le fruit qui calmerait sa soif. Telle partie de la forêt est *tabou* ; tel jour, telle heure du jour ; et, pour comble d'infortune, on ne sait jamais bien au juste ce qui est *tabou* et ce qui ne l'est pas. — Qu'on relise maintenant, ne fût-ce que dans la traduction de La Bruyère, le portrait du superstitieux par Théophraste, un contemporain d'Épicure : on constatera un état d'esprit identique à celui du sauvage. Le superstitieux, pour conjurer le malheur, ne manque pas d'avoir toujours une feuille de laurier dans la bouche. « S'il voit une belette, il s'arrête tout court, et il ne continue pas de marcher que quelqu'un n'ait passé avant lui dans le même endroit que cet animal a traversé, ou qu'il n'ait jeté lui-même trois petites pierres dans le chemin, comme pour éloigner de lui ce mauvais présage... Si un rat lui a rongé un sac de farine, il court au devin, qui ne manque pas de lui enjoindre d'y faire mettre une pièce ; mais bien loin d'être satisfait de sa réponse, effrayé d'une aventure si extraordinaire, il n'ose plus se servir de son sac et s'en défait. Son faible encore est de purifier sans fin la maison qu'il habite, d'éviter de s'asseoir sur un tombeau, comme d'assister à des funérailles, ou d'entrer dans la chambre d'une femme qui est en couches… S'il voit un homme frappé d'épilepsie, saisi d'horreur il crache dans son propre sein, comme pour rejeter le malheur de cette rencontre. »

Des traits analogues abondent dans le traité de Plutarque sur la superstition ; quatre siècles de philosophie n'ont pas réussi à diminuer sensiblement le mal. Dans son beau livre sur le poème de Lucrèce, M. Martha a rappelé les passages les plus frappants du traité de Plutarque ; il nous en a laissé quelques-uns à glaner :

« Le superstitieux regarde les maladies, la perte des biens, la mort de ses enfants, les mauvais succès, les refus qu'il essuie dans l'administration publique, comme autant de traits de la vengeance divine. Aussi n'ose-t-il ni corriger les événements, ni détourner son malheur ou y remédier, de peur de se révolter contre les dieux et de s'opposer au châtiment qu'ils lui infligent. Est-il malade, il ferme la porte au médecin. Est-il dans le chagrin, il repousse le philosophe qui vient le consoler. « Laisse, dit-il, souffrir un malheureux, un impie, objet fatal de la colère des dieux. »

Le superstitieux est capable de tous les attentats ; il est parfois victime de son propre délire. Le héros de la Messénie, Aristodème, entend des chiens hurler comme des loups et voit de l'herbe croître sur un autel domestique ; ce sont présages funestes, il se tue. On connaît par Diodore, et par un roman célèbre, l'abominable holocauste de 500 jeunes enfants des meilleures familles de Carthage, jetés vivants dans la fournaise du Moloch d'airain, pour apaiser les dieux et les rendre propices, après les premières victoires d'Agathocle en Afrique. Les parents qui n'avaient pas d'enfants achetaient ceux des pauvres, et la mère était là, ne pouvant ni verser une larme ni pousser un soupir, car elle n'eût pas reçu le prix convenu, et l'enfant n'en eût pas été moins sacrifié. Les sons de la flûte et d'autres instruments étouffaient les cris des victimes.

Si je rappelle ces horreurs, c'est qu'elles se passèrent en 309, très peu de temps avant l'époque ou Épicure commença d'enseigner. Et si elles se passaient loin d'Athènes, elles n'en avaient pas moins, sans doute, leur retentissement dans la Grèce, que depuis Alexandre surtout, le monde barbare pénétrait de tous côtés, de toutes manières, comme il était pénétré par elle. C'est le temps où les superstitions avilissantes et sanguinaires de l'Orient déshonorent de plus en plus la noblesse native du génie hellénique. De l'Orient étaient venus ces sortilèges, ces charmes magiques, ces bruits d'instruments, ces purifications impures, ces expiations profanes, ces pénitences illicites et cruelles, ces incisions sanglantes, dont s'indigne Plutarque, et aussi ces mots étrangers, inintelligibles, que le dévot doit prononcer, sous peine de sacrilège, avec la plus minutieuse exactitude, et qui sont une souillure pour la langue, autant qu'une offense à la majesté divine et à la sainteté de la religion nationale.

Déjà Platon avait protesté, au nom de la pureté morale et de l'*eurythmie* philosophique, contre l'exaltation dégradante du culte de Bacchus ; depuis avaient pénétré en Grèce les rites honteux ou lugubres d'Adonis et de la déesse Cotytto. Le flot impur et souvent criminel des superstitions étrangères montait lentement, tantôt en secret, tantôt au grand jour, affolant de terreurs les intelligences débiles, dépouillant peu à peu de leur prestige les divinités lumineuses et généralement bienveillantes de l'antique

Olympe, menaçant parfois jusqu'à l'existence même de la société politique. Les esprits les plus fermes se troublent, et craignent, en combattant les pratiques nouvelles, de se rendre coupables d'impiété. On en trouve un curieux témoignage dans le passage célèbre ou Tite-Live raconte les attentats inouïs auxquels se livraient en pleine Rome les affiliés aux bacchanales et l'impitoyable répression qui suivit.

« Rien, dit le consul Postumius, en rendant compte au sénat de ce qu'il vient de découvrir, rien qui soit d'apparence plus trompeuse qu'une fausse religion. Quand la volonté des dieux sert de prétexte aux crimes, une crainte s'empare de l'âme ; n'allons-nous pas, en punissant des forfaits humains, porter atteinte à quelque droit divin qui y serait mêlé ? *Subit animum timor, ne fraudibus humanis vindicandis divini juris aliquid immixtum violemus.* Et quand, sur la proposition du consul, le sénat proscrit les bacchanales de Rome et de l'Italie, le sénatus-consulte spécifie : « Que si quelqu'un considère ce culte comme traditionnel et nécessaire, et ne croie pas pouvoir y renoncer sans impiété, il devra en informer le préteur urbain, lequel prendra l'avis du sénat. » Ainsi, en l'an 186, au moment de détruire une association qui, sous le manteau de superstitions orientales, s'est souillée de tous les crimes et a mis l'état en péril, le sénat semble distinguer entre le culte même et ses adeptes, tant il a peur, en frappant ceux-ci, de porter la main sur quelque chose de sacré !

On comprend peut-être mieux maintenant pourquoi Épicure dépossède tous les dieux, sans distinction, du gouvernement de l'univers. Entre cette multitude innombrable, comment choisir ? Qui sait si les divinités protectrices d'Athènes et de la Grèce sont assez puissantes pour lutter contre l'influence occulte, mal définie, d'autant plus redoutable, de ces divinités étrangères, de tous ces démons jaloux, capricieux, pervers, funestes, qui épient, assiègent les malheureux mortels, et réclament, sous peine d'effroyables vengeances, un culte souvent ignoré, des propitiations bizarres, compliquées, parfois déshonorantes et cruelles ? Si encore la Providence, bonne et secourable, de certains philosophes comme Socrate et Platon, pouvait avoir quelque prise sur les âmes ! Mais il semble qu'elle dépassât la moyenne des intelligences même éclairées. Or c'est cette moyenne qu'il s'agissait de conquérir, de rassurer, de pacifier. C'est elle qu'il fallait arracher à la menace, toujours suspendue, de la superstition :

Horribili super adspectu mortalibus instans.

On peut croire que des doctrines comme celles du *Démiurge* de Platon et de la *Pronoia* des stoïciens n'avaient pas, pour la plupart des esprits, un sens plus élevé que les traditions de la religion populaire. L'imagination matérialisait ces belles conceptions et en faisait des dieux comme les autres. Cicéron nous apprend que les épicuriens traitaient la *Pronoia* stoïcienne de vieille femme : bien des gens, sans doute, croyaient naïvement qu'elle était quelque chose comme cela. Tous les philosophes avaient d'ailleurs laissé aux divinités mythologiques et leur existence et une puissance assez étendue. Ni Socrate ni Platon n'avaient rejeté la divination ; les stoïciens lui firent une grande place dans leur théologie. Dès lors, la vie humaine restait en proie à la terreur, et le parti extrême, pris par Épicure, paraissait le seul qui pût véritablement garantir le salut.

IV

Il peut sembler étrange, après cette négation radicale d'un gouvernement divin de l'univers, qu'Épicure ait admis formellement l'existence de divinités éternelles et bienheureuses. Il l'admet pour deux raisons : la première, c'est que tous les hommes y ont cru ; le témoignage universel du genre humain constitue, pour la logique épicurienne, une *anticipation*, qui est un signe infaillible de vérité. Cicéron affirme qu'Épicure, le premier, a fondé la croyance à l'existence des dieux, sur cette notion imprimée par la nature même dans l'âme de tous les hommes.

La seconde raison est toute *a priori*. Les épicuriens admettent, sans preuve, comme évidente, une loi d'*isonomie*, c'est-à-dire d'égale distribution des êtres, d'équilibre numérique entre les individus des différentes espèces. Lucrèce donne un exemple curieux de l'application de cette loi : « Si tu observes, dit-il, que certaines espèces sont moins nombreuses que d'autres, et que la nature est moins féconde à les produire, sache qu'en d'autres pays, dans des climats lointains, elle les multiplie et en complète le nombre. Tels, principalement, dans le genre des quadrupèdes, les éléphants ; à peine en voyons-nous quelques-uns dans nos contrées, mais l'Inde en nourrit une si grande quantité que leurs milliers innombrables l'entourent d'un mur d'ivoire qu'on ne saurait pénétrer. » Par suite, s'il y a une quantité infinie d'êtres vivants qui naissent et meurent, il est nécessaire, pour faire équilibre, qu'une quantité également infinie subsiste éternellement. Ce sont les dieux.

L'argument tiré du consentement universel, ainsi confirmé par la loi d'isonomie, ne laissait pourtant pas que d'être dangereux. L'opinion commune, c'est en effet que les dieux gouvernent l'univers et tiennent dans leurs mains capricieuses notre bonheur ou notre malheur. L'objet même de l'épicuréisme était de leur retirer un tel pouvoir. En général, les philosophes qui font appel au témoignage du genre humain éprouvent le même embarras qu'Epicure : ce témoignage, s'il atteste des vérités, devrait consacrer aussi beaucoup d'erreurs et de superstitions. C'est à la philosophie à faire le départ des unes et des autres. Et ce départ, on ne le fait sûrement que si l'on réussit à montrer comment l'ignorance primitive a dû mêler inévitablement de fausses croyances aux dogmes dont elle avait l'obscur pressentiment.

La *genèse* des idées religieuses, telle qu'elle est présentée par l'épicuréisme, est des plus remarquables. Dans le passage classique où Lucrèce l'expose en beaux vers, on croit surprendre la trace des théories récentes de Tylor, de Lubbock, de Spencer, sur l'*animisme* des sauvages. Les hommes voyaient, le jour, des fantômes imposants : l'hallucination devait être fréquente, en effet, pour ces cerveaux exténués par les longs jeûnes qu'imposent les difficultés toujours renaissantes de se procurer la nourriture. Ils les voyaient, en dormant, plus grands encore ; les privations, puis, quand la chasse ou la pêche ont été plus heureuses, de gloutonnes orgies de viande crue, voilà de quoi remplir le sommeil de rêves qui prennent un singulier relief. Ils leur attribuaient le sentiment, parce que ces fantômes paraissaient mouvoir leurs membres et parler d'un ton impérieux, proportionné à leur extérieur majestueux et à leurs forces immenses. La distinction entre l'*objectif* et le *subjectif* ne se fait pas facilement à l'origine : le rêve est pris pour une réalité.

Qu'étaient ces images ? Pour un épicurien, c'étaient des simulacres, constitués par des atomes très subtils. Pour l'anthropologiste qui est au courant de la théorie animiste, c'étaient des hallucinations qui représentaient à l'imagination troublée du sauvage l'âme ou le *double* de quelque ancêtre ou de quelque chef disparu. Lucrèce admet bailleurs que des simulacres, émanés du corps des vivants, flottent dans l'air longtemps après la mort et la dissolution de l'organisme qui les a produits : la croyance à l'immortalité de l'âme n'a pas pour lui d'autre fondement. Mais les simulacres qui ont donné naissance à la religion ne se confondent nullement avec ces derniers.

Selon les épicuriens, les premiers hommes ne se trompaient pas en affirmant la réalité des êtres qui s'offraient ainsi à leur vue ; peut-être ne se trompaient-ils pas non plus en les prenant pour les dieux mêmes, car nous verrons que ce fut là une des thèses de la théologie épicurienne. Leur erreur fut d'abord d'attribuer à ces fantômes et l'ordre constant de l'univers et le retour périodique des saisons, puis de les loger dans le ciel. L'ignorance primitive explique suffisamment cette double superstition. Que des volontés surnaturelles gouvernent le monde, comment en douter, alors que la philosophie n'a pas encore montré qu'on peut rendre compte de toute la nature par le concours fortuit des atomes ? Et quant au ciel où roulent le soleil et la lune, où brillent les astres mélancoliques, où se forment ces torches errantes dans les ténèbres, et les nuées, et la neige, les vents, les foudres, la grêle, et ces frémissements et ces grands murmures menaçants du tonnerre, — comment n'eût-il pas été, pour de pauvres mortels en proie à la terreur de l'inconnu, la demeure et le palais des dieux ?

Et voilà la superstition, avec les maux innombrables dont elle n'a cessé d'écraser le genre humain, issue d'une croyance vraie dans son principe ! Car, s'ils sont indifférents au bonheur comme aux misères de l'homme, s'ils ne se mêlent de rien, s'ils n'habitent pas les régions du ciel, les dieux existent pourtant et ils existent quelque part ! La religion a un objet, et la piété du sage est précisément le contraire de la superstition, qui seule est impie.

Que sont donc les dieux d'Épicure ? On ne saurait le dire avec une entière certitude. Deux textes fort obscurs, l'un de Diogène Laërce, l'autre de Cicéron, ont exercé et sollicitent encore la sagacité des érudits. Gassendi proposait une explication qu'on est unanime à repousser aujourd'hui. De nos jours, Schœmann, Volkmann, Hirzel, Woltjer, ont chacun la leur ; M. Lachelier, dans quelques pages de la *Revue philologique*, suggère une hypothèse très ingénieuse. M. Guyau soutient, contre Lange, la réalité objective des dieux épicuriens. Enfin, dans les savantes notes de son édition du *De natura deorum* de Cicéron, M. J.-B. Mayor incline à penser qu'Épicure a reconnu deux sortes de divinités, les unes réelles, les autres purement idéales ; il concilie ainsi l'interprétation de Lange et celle de la plupart des commentateurs. Nous ne pouvons entrer dans les détails d'un débat qui exigerait une discussion approfondie de textes dont l'intelligence n'est pas des plus faciles. Nous nous contenterons d'exposer l'opinion qui nous paraît la plus vraisemblable, et qui est, à peu de chose près, celle même de M. Mayor.

Il y a des dieux, et ils sont réels ; ainsi l'exige le consentement universel du genre humain, qui ne peut se tromper. Ces dieux sont en nombre infini : c'est une conséquence de la loi d'*isonomie*. Ils sont matériels, car rien n'existe que les atomes et le vide. Ils sont donc formés d'atomes extrêmement subtils, et la pensée seule peut les apercevoir. Ils sont éternels et bienheureux : ce sont là les privilèges essentiels de la nature divine. Bienheureux, comment le seraient-ils, s'ils n'avaient la raison pour comprendre leur bonheur et pleinement en jouir ? Mais l'expérience ne nous a jamais montré la raison qu'unie à un corps humain ; la forme humaine est d'ailleurs la plus belle : il y aurait impiété à ne pas l'attribuer aux dieux.

Ces dieux à forme humaine n'ont cependant rien de l'opacité et de la résistance des corps organisés que nous connaissons ; ils ont le contour plutôt que la solidité ; ils ont *comme* un corps, *comme* du sang. Ce qui ne les empêche pas de remplir les fonctions les plus essentielles de la vie ; ils mangent, non pour réparer leurs forces, mais parce que manger est un plaisir ; nourriture et breuvage sont d'une nature non moins subtile que les organismes divins auxquels ils sont appropriés. La différence des sexes existe entre eux ; Cicéron se demande ce qu'il en pourra bien résulter. Sans conversation, l'éternité paraîtrait bien longue : les dieux s'entretiennent en un langage qui ne diffère pas beaucoup du grec. Il est notoire, en effet, que tous les simulacres de divinités qui se sont montrés aux mortels parlaient grec.

Pour loger des corps d'une ténuité et d'une délicatesse si grandes, les mondes, avec leurs flux perpétuels d'atomes toujours voyageant et s'entre-choquant, sont bien agités : les dieux y recevraient des heurts qui briseraient leurs formes délicates, ou troubleraient tout au moins l'immobilité de leur béatitude. Mais il est des espaces vides, entre les mondes, où rien ne les dérangera : « Demeures tranquilles, dit Lucrèce, traduisant magnifiquement Homère, qui ne sont jamais ébranlées par les vents, que n'inondent pas les larges pluies, que respecte la neige condensée par un froid piquant, qu'entoure éternellement un éther sans nuage, où rit toujours une immense lumière épandue. » Ces divinités, nous les connaissons bien : ce sont celles que les poètes avaient accréditées auprès du vulgaire. Epicure les spiritualise un peu : leurs corps sont diaphanes, et leur séjour est maintenant au-delà du ciel. Mais les dévots de la théologie traditionnelle ne sont pas trop dépaysés ; ils peuvent se rattacher à l'école du philosophe sans abjurer leurs croyances et, pour faire des prosélytes, c'est là un grand point. D'ailleurs, des dieux de cette nature s'accordent parfaitement avec les principes généraux de l'atomisme et les *canons* de la logique épicurienne.

Les âmes ainsi conquises devaient être amenées facilement au dogme fondamental de la religion d'Épicure, savoir que les dieux ne se mêlent pas du gouvernement de l'univers. Il suffisait de leur faire comprendre que la béatitude est incompatible avec tant de soucis. Quel labeur que celui d'une providence comme celle des stoïciens ! Mouvoir les cieux et les astres, régler les moindres détails de la vie cosmique, tenir sans cesse en main les rênes de l'infini, être partout à la fois, féconder la terre, amonceler les nuages, faire rouler le tonnerre, lancer cette foudre qui frappe souvent les temples sacrés, épargne le coupable et consume l'innocent ! L'imagination ne pouvait se figurer une divinité agissante sans la voir affairée et comme peinant dans la nature. Et la raison ne s'expliquait pas tant d'événements qui, s'ils sont voulus et produits par les dieux, font, en vérité, peu d'honneur à leur discernement ou à leur justice. Ainsi, la théologie épicurienne pouvait paraître, en un sens, plus élevée et moins anthropomorphique que celle, non-seulement des poètes, mais de la plupart des philosophies rivales. Elle dépouillait les êtres éternels et bienheureux d'attributs en somme incompatibles avec l'idée qu'on se faisait généralement du souverain bonheur. Aristote avait jugé déjà que la pensée souveraine serait souillée si elle pensait le monde ; à plus forte raison ne saurait-elle, sans déroger, le conduire. Les épicuriens laissaient aux dieux la forme humaine, mais les affranchissaient des passions humaines : jalousie, colère, vengeance, faveur.

L'anthropomorphisme subsistait, mais seulement à un point de vue tout extérieur ; et comme il s'agissait de religion plutôt encore que de philosophie, il était nécessaire que l'anthropomorphisme ne fût pas entièrement banni. Le besoin d'idéal, qui est au fond de toute croyance religieuse, aspire sans doute à épurer son objet, mais il ne faut pas que l'imagination n'ait plus où se prendre. Une divinité trop différente de l'homme aurait quelque peine à se faire adorer. Je ne sais si la Substance de Spinoza, l'Idée d'Hegel, l'Inconnaissable de H. Spencer, obtinrent ou obtiendront jamais un véritable culte. Épicure pensa que l'essentiel n'était pas d'effacer tous les contours sensibles de la réalité divine, ce qui eût fait courir à cette réalité le risque de s'évaporer tout entière aux yeux de fidèles peu familiers avec les conceptions savantes d'une métaphysique supérieure : tout préoccupé de pratique, il se contenta de rendre ses dieux inoffensifs pour les âmes inoffensives. Sans doute ils ne font pas de bien ; mais c'est déjà beaucoup qu'ils ne fassent pas de mal. La théologie traditionnelle était par là fort dépassée. La superstition et ses terreurs étaient coupées dans leurs racines. Au sein d'un monde qui n'est qu'un agencement peu stable d'atomes aveugles, armé de son libre arbitre et des préceptes de la sagesse, l'homme, affranchi de la crainte dont l'écrasait jusque-là la présence de divinités agissantes, ombrageuses et capricieuses, pourra désormais travailler en paix à l'œuvre de son salut ; et quand il lèvera les yeux, il apercevra, rassuré et ravi, par-delà le ciel, dans le lointain des espaces vides, ces figures faites de lumière immobile, ces formes impassibles dans leur éternité bienheureuse, où il retrouve, avec le souvenir idéalisé des dieux dont les poètes ont bercé son enfance, le modèle parfait du bonheur sans trouble qu'il s'est efforcé de conquérir.

Ces divinités épicuriennes, on nous le dit expressément, ne peuvent être vues que par la raison. Il semble donc qu'elles n'envoient pas, comme tous les corps, de ces simulacres qui, par les yeux, pénètrent jusqu'à l'esprit. D'ailleurs, elles sont tellement subtiles, que si des images se détachaient d'elles, on ne comprend guère ce qui, à la longue, en pourrait rester. Comment donc, alors, se sont-elles manifestées aux premiers hommes, et que sont, au juste, ces fantômes, dont l'apparition fut, suivant Lucrèce, l'origine des croyances religieuses ? C'est là une difficulté qu'aucun commentateur, à notre connaissance, n'a éclaircie. Démocrite, à qui Épicure a tant emprunté, avait dit, au témoignage de Sextus Empiricus, que « certaines images s'approchent des hommes : les unes sont bienfaisantes, les autres malfaisantes... Ces images sont grandes et même très grandes ; elles sont difficiles à détruire, mais non indestructibles ; elles annoncent aux hommes l'avenir par leurs apparitions et les paroles qu'elles prononcent ; les premiers hommes imaginèrent, d'après ces fantômes, qu'il y a une divinité ; mais excepté ces images, il n'existe aucun dieu dont la nature soit impérissable. » On ne peut guère douter que ce singulier passage de Démocrite n'ait inspiré celui de Lucrèce. Il en résulterait que l'imagination des hommes primitifs, captivée par des apparitions d'images très réelles en elles-mêmes, et spontanément formées par des rencontres d'atomes, a été conduite à cette opinion qu'il existe des dieux dont ces images seraient émanées. Si l'on considère maintenant que l'essentiel de l'épicuréisme vient de Démocrite ; si l'on relit, à la lumière de ce texte, deux phrases fort controversées, l'une de Cicéron, l'autre de Diogène Laërce, et un fragment de Philodème, on arrivera à cette conclusion, que deux systèmes de théologie ont probablement coexisté dans l'école d'Épicure. Le premier, plus populaire, est celui qui admet des dieux réels dans les inter-mondes ; le second, plus philosophique, réduit la divinité à un phénomène d'imagination, objectivement déterminé par des courants d'images semblables que forment les plus subtils atomes, ceux de l'éther et du feu.

Pour des matérialistes comme Démocrate et Epicure, tout phénomène mental est nécessairement matériel dans sa nature et dans sa cause. L'âme, composée d'atomes, reçoit une impression mécanique des atomes du dehors : c'est ainsi qu'elle sent, connaît, imagine, Si nous pensons qu'il y a des dieux, cela ne peut être que parce que des combinaisons d'atomes existent objectivement, qui produisent en nous cette pensée. Or, la croyance aux dieux, étant universelle, ne saurait être entièrement fausse ; donc il faut dans le monde quelque chose qui l'explique. Ce monde, où tout le réel n'est qu'atomes, fournit donc des images dont le courant continu rend possible la pensée religieuse. Chacune de ces images est trop subtile pour être aperçue, mais leur ressemblance et leur continuité finissant par faire une *impression,* en prenant ce mot dans l'acception matérialiste de son étymologie. Ce qui revient à dire que certains événements de l'univers suivent une direction constante, et que cette direction révèle à l'homme l'existence d'une nature éternelle et bienheureuse. Débarrassons la théologie épicurienne de l'enveloppe matérialiste qui la dissimule à nos yeux ; interprétons en termes psychologiques la théorie épicurienne de l'imagination ; nous aurons à peu près ceci : le monde contient en soi de quoi suggérer à notre raison un idéal de l'humanité auquel il convient de tendre, et dont le caractère essentiel, outre l'éternité qui ne saurait devenir notre partage, est la béatitude dans l'impassibilité.

Les dieux d'Épicure sont donc des *idéaux* ; voilà, croyons-nous, l'expression la plus élevée de la doctrine, telle qu'à la suite de Démocrite elle a pu être expliquée par le maître à quelques disciples privilégiés. Mais ces *idéaux* de la vie bienheureuse, s'ils n'ont d'autre cause objective que des courants d'images semblables, spontanément formées par les atomes les plus subtils, n'excluent en aucune manière l'existence de ces dieux logés dans les inter-mondes, et qui, ceux-là, sont bien réels, puisqu'ils mangent et qu'ils parlent. Ces deux classes de divinités, Diogène Laërce et Philodème l'attestent, étaient reconnues également par l'école, les dieux réels plus appropriés sans doute à l'usage des esprits peu philosophiques. L'orthodoxie épicurienne n'est pas intolérante ; pourvu qu'il soit bien entendu que les dieux ne se mêlent de rien, qu'ils sont éternels et bienheureux, il n'importe guère qu'on ait telle ou telle opinion sur leur compte. « Conçois d'abord, écrit Épicure à Ménécée, que Dieu est un être immortel et bienheureux. Garde-toi donc de rien lui attribuer qui ne puisse s'accorder avec son immortalité et sa béatitude. Cela une fois hors d'atteinte, *tu peux donner à ton esprit sur cet être tel essor qu'il te plaira.* » — N'est-ce pas bien remarquable, et un dogmatisme aussi libéral ne devait-il pas recruter nombre d'adhérents ? Et, au fond, Épicure n'avait-il pas raison ? L'essentiel n'est-il pas de retrancher de la divinité tout ce qui la déshonore : haine, jalousie, colère, caprices ; et quant à ses perfections, chacun ne les imagine-t-il pas, qu'il le veuille ou non, selon le degré de culture intellectuelle, esthétique, morale, auquel il est parvenu ? En sorte que, pratiquement, un Dieu à forme humaine et qui parle grec, mais ne fait de mal à personne, sera un meilleur idéal pour la conscience religieuse qu'un Dieu pur esprit, mais avide de vengeance et altéré de supplices ?

Ainsi, par son indétermination même, la religion épicurienne s'adaptait merveilleusement aux besoins des âmes, lassées de terreurs, mais désireuses de croire encore à quelque chose de divin. Les plus humbles comme les plus philosophes trouvaient de quoi satisfaire à leurs aspirations. Aux unes, les dieux réels de la mythologie, purifiés des mauvaises passions de l'humanité ; aux autres, l'idéal aux contours mal définis, et dont on affirme seulement l'éternité, l'impassibilité, le bonheur. D'ailleurs, l'adoration des fidèles devait souvent en fait confondre les limites indécises qui séparaient ces deux genres de divinités. Sur la foi du maître, le vulgaire des adeptes, comme les esprits plus raffinés, les admettaient tous les deux ; mais par cette tendance universelle de la pensée religieuse à préciser, pour la rapprocher d'elle-même, l'objet de ses croyances, on doit supposer que les dieux réels des mystérieux intermondes furent bientôt seuls acceptés et reconnus. Lucrèce, en effet, ne paraît pas en admettre d'autres, et ce sont ceux-là dont les corps sacrés envoient leurs simulacres, comme messagers des formes divines, jusque dans les âmes des mortels.

V

Sur un point d'une extrême gravité, cette curieuse théologie restait en désaccord avec la conscience du genre humain. Celle-ci réclame une justice supérieure qui récompense les bons et punisse les méchants. L'impassibilité des divinités épicuriennes leur interdisait un tel rôle. Une religion qui prétendait à l'efficacité pratique ne pouvait manquer de combler, tant bien que mal, une lacune de cette importance. Comment y parvenir sans se mettre en contradiction trop ouverte avec les dogmes généraux du système ?

Philodème répond au reproche qu'on adressait à son école de supprimer « les belles espérances que les hommes justes et bons placent dans les dieux. » — « Personne, dit-

35

il, parmi les philosophes qui ont soutenu que les dieux procurent des bienfaits ou causent des dommages aux hommes, n'a entendu ces dommages et ces bienfaits dans le même sens que le vulgaire ; beaucoup même ont dit que les dieux ne sauraient nuire en aucune manière. » Telle avait été, en effet, la doctrine de Platon ; telle était celle des stoïciens. Mais, poursuit Philodème, « les Épicuriens, comme l'atteste Polyénus dans son premier livre, n'en laissent pas moins subsister pour les bons des bienfaits, pour les méchants des dommages venant des dieux. » Épicure avait fait un traité intitulé : *Des rapports d'amitié qu'a la divinité avec certains hommes, et des rapports contraires qu'elle a avec certains autres* ; et il y soutenait « qu'il faut affirmer Dieu comme cause de salut pour les hommes. » — « Les dieux étant propices, dit encore Philodème, nous ne devons pas craindre la guerre ; les dieux étant propices, nous passerons notre vie dans la pureté. » Enfin le même Philodème, retournant contre les stoïciens l'objection adressée par ceux-ci à l'épicuréisme : « Les stoïciens, écrit-il, nient que les dieux puissent causer du mal aux hommes, et, par là, ils suppriment toute entrave à l'injustice et dégradent l'homme au niveau de la brute (car quel est celui qui sera détourné de l'injustice à laquelle il aspire par la crainte de l'air ou de l'éther ?). Nous disons, nous, que des dieux vient le châtiment pour quelques-uns, et pour d'autres les plus grands des biens. »

Ces fragments calcinés d'ouvrages arrachés aux laves refroidies d'Herculanum jettent un jour assez inattendu sur la religion épicurienne. Ces dieux impassibles, que ni la faveur ni la colère ne sauraient émouvoir, sont donc en quelque manière providence ? Ils ont une justice distributive, et voilà la vie humaine, qui se croyait affranchie pour toujours de ces maîtres superbes (*dominis privata superbis*), obligée de compter de nouveau avec eux !

Nous pensons que l'incohérence et la contradiction sont seulement apparentes. D'abord les dieux peuvent parfaitement procurer des biens aux bons et des maux aux méchants sans éprouver pour cela les passions tout humaines de la faveur ou de la colère, dont leur sereine béatitude serait troublée. Puis, au fond, ces biens et ces maux ne viennent pas proprement de personnes divines qui les auraient voulus.

Un intéressant passage de Lucrèce nous donne, semble-t-il, le mot de l'énigme : « Si tu n'écartes de ton esprit ces croyances (que les dieux produisent les phénomènes du ciel et de la terre), si tu ne regardes ces soins comme… incompatibles avec le calme dont ils jouissent, les divinités saintes des dieux violées par toi se présenteront souvent à ta vue ; non que l'essence suprême des dieux puisse être dérangée de son repos au point que la colère leur inspire d'infliger de cruels châtiments ; mais parce que tu t'*imagineras (tute tibi… constitues)* que, tranquilles au sein de la paix, ils roulent de grands flots de ressentiments. Tu n'entreras plus sans frayeur dans les sanctuaires des dieux, et les simulacres qui émanent de leurs corps sacrés, messagers pour les âmes des hommes de la forme divine, tu ne pourras plus les recevoir avec la paix du cœur. Tu peux juger par là quelle sera désormais ta vie. »

Ainsi les châtiments ou récompenses qui viennent des dieux sont, dirions-nous aujourd'hui, des phénomènes d'imagination. Leur origine véritable, c'est la sérénité intérieure du sage ou la terreur du superstitieux et du criminel. Sans doute, la théorie épicurienne de l'imagination exige que des simulacres venus du dehors, émanés peut-être des dieux des inter-mondes, soient la cause de la représentation mentale ; mais ces simulacres sont, en soi, toujours les mêmes, toujours impassibles, et c'est l'ignorant ou le coupable qui, par ses erreurs et ses craintes, les défigure et les déforme. La faveur des dieux, c'est essentiellement l'opinion droite, partant bienfaisante, qu'une âme épurée conçoit des dieux ; leur vengeance, c'est l'opinion fausse, par suite malfaisante, d'une âme perverse sur ces natures éternelles et bienheureuses qu'aucune passion ne saurait troubler.

Par là s'explique un passage assez obscur d'Epicure que je traduis littéralement : « Les affirmations du vulgaire sur les dieux sont des suppositions mensongères. Il en résulte que les plus grands maux arrivent aux méchants de la part des dieux et les plus grands avantages aux bons. Car ceux-ci, fidèlement attachés à leurs propres vertus, reçoivent et embrassent des dieux semblables (à eux-mêmes ou à ces vertus, et considèrent comme étranger (ou faux) tout ce qui est différent. » La sagesse et la vertu sont donc bien les conditions nécessaires pour avoir des dieux une idée vraie, et trouver dans cette conception les plus grands secours. Une telle doctrine, qui fait de la vérité religieuse la conséquence et la récompense de la perfection morale, est assurément remarquable et valait d'être mise en pleine lumière. Nous n'avons donc pas besoin de supposer, avec le stoïcien Posidonius, qu'Épicure était athée dans l'âme, et que s'il avait l'air d'admettre des dieux, c'était pour se dérober à l'indignation publique. Rien ne prouve le bien fondé de cette accusation d'hypocrisie. Épicure pouvait parfaitement être sincère, et sa théologie n'était en contradiction ni avec elle-même, ni avec le reste du système. Bien plus, il a pu être le personnage sincèrement pieux que glorifie Lucrèce : « Ne doit-on pas mettre au rang des dieux celui... qui a tant de fois parlé des dieux immortels en termes divins ? »

La piété épicurienne proscrit ces prières indiscrètes, outrageantes pour la divinité, par lesquelles l'homme prétend, pour prix de son hommage ou de son offrande, recevoir une faveur particulière et imméritée, telles que la richesse ou la ruine d'un ennemi. « Car, dit finement Philodème, si Dieu exauçait les prières des hommes, l'espèce humaine serait bientôt entièrement détruite, chacun demandant sans se lasser nombre de choses funestes à son prochain. » Mais il est une prière légitime et sainte : c'est celle qu'on adresse aux dieux ; « non parce qu'ils éprouveraient du chagrin si on ne les priait pas, mais parce qu'on s'inspire de la seule pensée de natures supérieures en puissance et en perfection. » La prière devenant un élan désintéressé de l'âme vers le meilleur ! Nous voilà loin de l'athéisme grossier si souvent reproché à Épicure.

Un tel culte n'est nullement incompatible avec l'observance loyale des cérémonies et fêtes religieuses consacrées par les fois de la cité. « La divinité, dit Philodème, n'a pas besoin d'hommages ; mais il nous est naturel de l'honorer avant tout par la sainteté des opinions que nous nous formerons sur elle, puis aussi par les rites dont chacun a reçu la tradition… » Et encore : « Sacrifions saintement et bien où et quand il convient, et faisons tout le reste conformément aux lois, sans nous laisser troubler dans nos opinions sur ce qu'il y a de meilleur et de plus vénérable. De plus, soyons justes… »

Soit, dira-t-on ; le sage épicurien est *pratiquant*, et il l'est sans hypocrisie formelle, puisque rien, dans ses convictions, ne le lui interdit absolument : il n'en est pas moins vrai qu'il n'entend pas la religion comme le peuple, et que son apparente orthodoxie cache une pensée *de derrière*. En quoi cette participation aux cérémonies traditionnelles peut-elle augmenter la ferveur de sa piété philosophique ? — Philodème va nous l'apprendre dans un texte qui, si je l'entends bien, renferme la plus délicate observation de psychologie religieuse : « Ce qu'il y a de plus important, dit-il (Épicure ?), ce qui est pour ainsi dire capital, c'est ceci : tout homme sage doit avoir des opinions putes et saintes à l'égard de la divinité, et croire qu'elle est d'une nature grande et vénérable ; mais c'est dans les fêtes surtout qu'il s'achemine vers cette conviction, parce qu'alors tout ayant en quelque sorte à la bouche le nom de la divinité, il subit plus fortement l'impression que les dieux sont indestructibles. » Ainsi le sage puisera dans le spectacle de la piété populaire comme un redoublement de foi, et s'il pense autrement que la foule, il n'en croira pas moins devoir se mêler à elle, participer à ses pratiques, pour aviver, au contact de la dévotion commune, une ferveur dont chez lui seul nulle superstition ne défigure l'objet.

VI

Vainqueur de la crainte des dieux, Épicure avait un autre fantôme à exorciser ; la crainte de la mort. Ici, nous avons moins insister, car ce point de la doctrine est beaucoup mieux connu.

Dans son livre définitif sur le poème de Lucrèce, M. Marina avait déjà marqué, en quelques traits exacts et frappants, l'attitude mentale des anciens en face de la mort et de la vie future. M. Guyau montre à son tour, dans un des plus intéressants chapitres de son ouvrage, que les opinions des Grecs sur l'immortalité entretenaient de vagues terreurs et laissaient peu de place à l'espérance. Ces opinions, comme celles qui concernaient les dieux, avaient été accréditées principalement par les poètes. Or, dans

Homère, la condition des morts est généralement triste :
quelques héros, fils de Zeus, sont dans l'Olympe, Hercule,
par exemple, dont le *double* seul est descendu dans les
ténébreuses régions de l'Hadès. Les sacrilèges sont châtiés
de supplices déterminés ; les autres, fantômes dont la
mémoire et les forces éteintes sont passagèrement
ranimées par le sang noir et chaud des victimes qu'ils
boivent avidement, mènent une vie languissante et morne.
Ils ont la même apparence qu'ici-bas ; ils portent les
blessures qui les ont fait mourir, glissent, murmurent d'une
voix grêle : ce n'est plus qu'une ombre de vie.

Sans doute, quelques poètes comme Pindare avaient
tracé des peintures assez brillantes de la félicité des
bienheureux. Il est permis de croire que les mystères
d'Eleusis auraient aux initiés de belles espérances
d'immortalité. Platon avait mis dans la bouche de Socrate
cette conviction qu'après la mort, l'homme vertueux entre
en compagnie d'une divinité pleine de sagesse. Dans
l'*Apologie*, le même Socrate imagine la vie future comme
une conversation sans fin avec les sages des temps passés.
Mais il ne semble pas que les perspectives d'un bonheur si
pâle aient jamais eu beaucoup d'influence sur le vulgaire
des âmes. Causer pendant l'éternité ne pouvait guère avoir
d'attrait que pour Socrate. Au contraire, les supplices
infernaux décrits par les poètes, reproduits par les peintres
dans les maisons, sur les murs des temples, frappaient de
terreur. Plus d'un esprit fort s'en moquait. « Mais, dit
Platon, certaines choses, sur lesquelles il était tranquille
auparavant, éveillent dans son âme (quand la vieillesse
arrive) des soucis et des alarmes. Ce qu'on raconte des
enfers et des châtiments qui y sont préparés à l'injustice,
ces récits, autrefois l'objet de ses railleries, portent
maintenant le trouble dans son cœur : il craint qu'ils ne
soient véritables. Affaibli par l'âge ou plus près de ces

lieux formidables, il semble les mieux apercevoir ; il est donc plein de défiance et de frayeur ; il se demande compte de sa conduite passée ; il recherche le mal qu'il a pu faire. Celui qui, examinant sa vie, la trouve pleine d'injustices, se réveille souvent ; pendant la nuit, agité de terreurs subites comme les enfants ; il tremble et vit dans une affreuse attente. »

Mais qui donc peut se rendre en toute conscience ce témoignage qu'il n'a jamais offensé la justice ? N'est-ce pas d'ailleurs une observation de tous les temps que l'espoir de récompenses réservées à la vertu dans l'autre vie n'a jamais enchanté l'imagination des hommes autant que la pensée de l'inconnu et la perspective de tourments possibles après la mort ne l'ont frappée de crainte. Rappelons-nous cette fresque aux trois quarts effacée du Campo-Santo de Pise, où le génie d'Orcagna a peint les supplices des damnés ; figurons-nous ce qui se dégageait de terreur, pour les fidèles du XIVe siècle, de ces effroyables scènes : ceux-ci pendus la tête en bas, rongés par des serpents qui s'enroulent autour d'eux ; ceux-là traversés d'une broche et rôtis devant un brasier immense ; d'autres sortant à moitié de chaudières où les démons les retournent avec des fourches. Nous comprendrons alors ce que des peintures analogues contenaient d'épouvante pour les âmes faibles de l'époque d'Épicure. La négation formelle de la vie future, — puisque l'immortalité bienheureuse semblait peu certaine et ne promettait en tout cas que des joies languissantes, — fut, pour tous ceux qui l'accueillirent, une délivrance.

Même à des philosophes ennemis de l'épicuréisme, et dont l'élévation morale est incontestable, la pensée d'un anéantissement total après la mort parut souvent consolatrice. On sait que Sénèque, pour apaiser le désespoir d'une mère pleurant un fils unique, lui explique, en magnifique langage, qu'il n'est pas de vie future. Tout platonicien qu'il est, comme tel attaché au dogme de l'immortalité, Plutarque, dans sa *Consolation à Apollonius*, trouve l'hypothèse d'un retour au néant propre à calmer la douleur d'un père qui survit à son fils.

Mais alors comment rendre compte de cette croyance universelle que la personne humaine persiste après la dissolution de l'organisme ? Épicure n'est pas embarrassé ; la théorie des simulacres est là, toute prête à fournir une complaisante explication. Les prétendues âmes des morts, que la superstition populaire croyait si souvent voir apparaître, ce sont tout simplement des images, émanées autrefois des corps des vivants, et qui flottent dans l'air bien longtemps après que la mort a tout détruit.

Mais cependant le bonheur que promet et donne la sagesse ne paraitra-t-il pas imparfait de cela seul qu'il doit finir ? Quel est ce souverain bien qui n'a pas pour lui la durée ? — Épicure répond à cette objection par une théorie curieuse, dont M. Guyau signale avec pénétration l'importance. La durée, pour Épicure, n'ajoute rien au bonheur ; celui-ci est un tout complet qui se suffit à lui-même.

La volupté du sage ne saurait être plus grande dans un temps infini que dans un temps limité et court. M. Guyau rapproche cette doctrine de celle de Feuerbach, qui, lui aussi, nie l'immortalité personnelle, et prétend en étouffer le désir dans l'âme des hommes. « Chaque instant, écrit le philosophe allemand, est une existence pleine et entière, d'une importance infinie, satisfaite en soi, affirmation illimitée de sa propre réalité. » — « De même, disait Épicure, que le sage ne choisit pas la nourriture la plus abondante, mais la plus suave, ainsi il ne recueille pas une vie très longue, mais très suave. »

Cette théorie que le bonheur est intemporel, que l'éternité véritable est, si l'on peut dire, intensive, non extensive (c'est la doctrine de Spinoza, dans la cinquième partie de l'*Éthique*), nous paraît reposer sur une observation psychologique assez profonde. Il est certain que nous ne percevons le temps que par la succession de nos états de conscience. Un sentiment, une pensée où se concentrent toutes les énergies de l'âme, excluent donc toute perception de la durée. La méditation, l'amour divin, l'amour humain lui-même, ont de ces heures qui semblent n'avoir pas coulé, de ces extases qui épuisent l'éternité en un instant. Qu'importe ensuite le déroulement banal des impressions diverses qui nous ramènent à la conscience douloureuse d'une existence dispersée ? Là n'est pas notre être véritable ; il est dans cette pensée, dans cette émotion, qui, même affaiblies, presque effacées, continuent de planer, par-delà tous les siècles, dans l'immobile possession de l'absolu.

Le bonheur épicurien, je le sais, n'est pas à ce point extatique ; mais une âme qui s'est affranchie des passions et de leurs objets, comme l'âme épicurienne, est aussi, selon une certaine mesure, entrée dans l'éternité. D'ailleurs, à cette sagesse quiétiste, la vie en elle-même ne paraît pas très désirable. La vie, pour l'épicurien, n'a son prix que par la discipline intellectuelle et morale qui nous en détache. Il ne faut pas oublier qu'un courant pessimiste a circulé ininterrompu à travers la poésie et la philosophie grecques ; ce courant, M. Bonghi l'a signalé dans une lettre éloquente qui sert de préface à sa remarquable traduction du *Phédon* de Platon. Les vers mélancoliques du poète : « Ce qui est de beaucoup le meilleur pour les mortels, c'est de n'être pas nés,.. et ensuite, après la naissance, de passer au plus tôt les portes de l'Hadès, » se répètent d'écho en écho, jusqu'aux derniers jours du paganisme.

Sur cette double négation du gouvernement des dieux et de la vie future, Épicure élève l'édifice de la vie heureuse. Nous ne serons pas le premier à remarquer que l'attitude mentale du sage épicurien en face du problème religieux et du problème de l'immortalité est encore aujourd'hui celle d'un grand nombre d'esprits. Réduire la divinité à une sorte d'idéal inerte, vaguement aperçu par la pensée au terme de ses démarches, accepter de bonne grâce le néant comme un repos désirable, après les quelques années d'existence consciente que nous a ménagées le concours des causes aveugles opérant sans trêve dans l'infinité du temps et de l'espace, voilà de quoi, semble-t-il, s'épargner bien des troubles et, au prix d'un peu d'espoir évanoui, affranchir la vie humaine des plus douloureuses angoisses qui aient jusqu'ici pesé sur elle. Cette lassitude morale, qui est un des caractères de notre époque, pourrait bien, à ce point de vue, recruter d'assez nombreux adeptes à l'épicuréisme. — Souhaitons qu'il n'y ait là qu'une crise passagère. Une intelligence plus élevée de ce que nous avons à faire ici-bas, le devoir mieux compris et mieux accepté dans toute son étendue, une sympathie plus agissante pour tous ceux qui souffrent, une volonté plus opiniâtre de travailler infatigablement à l'œuvre sacrée du progrès, auraient, pensons-nous, pour effet, de ramener bien des âmes à croire qu'une bonté suprême opère dans la nature, et que ses collaboratrices, les consciences, n'achèvent pas toute leur tâche en cette vie.

La Contingence dans les lois de la nature et la liberté dans l'homme selon Épicure[2].

Selon Épicure, il est deux idées également capables de troubler l'esprit humain et dont il importe également de se délivrer pour jouir de la sérénité intellectuelle. La première, c'est la croyance à quelque divinité agissant sur le monde et sur l'homme ; la seconde, la croyance à une nécessité universelle régissant la nature. On connaît la lutte des Épicuriens contre les dieux et leur prétendue providence ; ce qui n'est peut-être pas aussi bien connu, malgré Gassendi et Bayle, malgré les savantes études de M. Ravaisson et de M. Zeller, c'est la lutte d'Épicure contre l'idée de nécessité. Cette partie de son système est originale et d'autant plus intéressante qu'elle rappelle par plusieurs points des doctrines contemporaines. Nous essaierons d'exposer ici la conception d'Épicure, sans prétendre l'apprécier autrement qu'au point de vue de son importance historique et de son originalité.

« Il était encore meilleur », dit Épicure, « d'ajouter foi aux fables sur les dieux que d'être asservi (δουλεύειν) à la fatalité des physiciens. La fable, en effet, nous laisse l'espérance de fléchir les dieux en les honorant, mais on ne peut fléchir la nécessité (ἀπαραίτητον τὴν ἀνάγκην). » — Épicure a eu, comme on voit, un vif sentiment de l'effet produit sur l'esprit humain par la conception du déterminisme scientifique, d'autant plus que l'école rivale de la sienne, l'école de Zenon, fondait sa doctrine sur cet universel enchaînement des causes et des effets.

D'autre part, Démocrite le physicien, son prédécesseur et son maître, affirmait aussi que « toutes choses se font dans le monde selon la nécessité. » Après avoir renversé les dieux du paganisme, Épicure voit donc se lever devant lui ce dieu inconnu et mystérieux auquel les théologiens antiques soumettaient Jupiter même, ce dieu à la sombre figure, fils du Chaos et de la Nuit, assis immobile au fond de l'Olympe, qu'on représentait sans yeux, car il ne voit point ceux qu'il écrase, et la tête couronnée d'étoiles, car sa puissance s'étend aussi loin que les dieux. C'est cette divinité figurant la force fatale de la nature par opposition aux efforts impuissants de la volonté humaine, qu'Épicure se propose de combattre à son tour, divinité d'autant plus redoutable que son pouvoir s'étend partout à la fois, au dedans de nous comme au dehors, et sur nos propres pensées, sur nos propres actions. Imaginer au-dessus des choses les dieux, c'était s'asservir ; mais expliquer toutes choses, y compris soi, par des raisons nécessaires qui excluent notre pouvoir personnel, ce serait faire plus encore, ce serait se supprimer soi-même. Puissance absolue des dieux éternels ou puissance absolue des lois éternelles, voilà l'alternative ; impuissance de l'homme, voilà la conclusion. De toutes parts, égal obstacle au bonheur. Comment donc trouver « un principe capable de rompre les liens du destin, et qui empêche la « cause de suivre la cause à l'infini ? » Tel est le problème, dans les termes mêmes où les Epicuriens l'ont posé : ce n'est autre chose que la question toujours pendante de la liberté ou du fatalisme, de la contingence ou de la nécessité universelle.

I. — Placé entre les dieux du paganisme et la nécessité des Stoïciens ou des Physiciens, Épicure ne vit qu'un parti à prendre. Si tous les êtres avaient naturellement en eux-mêmes, au lieu de l'emprunter du dehors, une puissance spontanée (τὸ αὐτόματον) d'où dériveraient leurs propres mouvements, n'échapperait-on pas ainsi à l'enchaînement universel des causes et des effets ? La nature, dans son fond, ne pourrait-elle pas être conçue à la fois sans les dieux et sans la nécessité ?

De tout temps le vulgaire, malgré Socrate et Platon, avait placé dans l'homme, sous la forme de libre arbitre, une puissance qui, pour un spectateur du dehors, apparaît comme un hasard, mais on n'avait pas songé à mettre une puissance analogue dans les êtres inférieurs à l'homme, à introduire par cela même la contingence dans la nature comme dans l'humanité. Épicure, en. s'efforçant de le faire, va entrer dans une voie toute nouvelle ; c'est sur ce point surtout qu'il pouvait affirmer avec vérité ne devoir qu'à lui-même sa philosophie. Par là il voulait à la fois détruire la nécessité et le pouvoir des dieux. Cicéron, Lucrèce, Plutarque, nous diront tous de la manière la plus formelle que la principale hypothèse d'Epicure, celle d'une puissance spontanée de « déclinaison » inhérente aux êtres, avait pour but de rendre possible, de « sauver notre pouvoir sur nous-mêmes, notre liberté : [citation en grec]. »

Pour construire cette curieuse théorie du monde, Épicure commence par accepter en partie la doctrine atomistique de Leucippe et de Démocrite. Toutefois, à la conception du chaos primitif il apporte un premier changement. Démocrite avait considéré tout mouvement comme le résultat d'un choc fatal ([citation en grec]) et d'un rebondissement des atomes non moins fatal ([citation en grec]). Épicure nie que tout mouvement ait ainsi sa première et unique origine dans la communication d'un autre mouvement par le choc, dans l'impulsion : cette doctrine en effet, outre qu'elle implique à ses yeux une contradiction (en admettant un mouvement antérieur au mouvement même), introduit partout une absolue nécessité : [citation en grec]. Le choc, pour Épicure, n'est qu'un effet ultérieur, qui suppose un mouvement antécédent. Quel sera donc le principe de ce mouvement ? — Pour le trouver, il faut d'abord passer du dehors au dedans, de la violence externe (externa vis) à l'impulsion interne. Celle-ci n'est autre chose, selon Épicure, que la pesanteur. « La pesanteur, « dit Lucrèce, empêche que tout ne se fasse par voie de choc « comme par une violence extérieure : Pondus enim prohibet ne « plagis omnia fiant, Externâ quasi vi. » La pesanteur est donc déjà une cause de mouvement intime, moins visiblement matérielle, où la fatalité, si elle existe toujours, devient inhérente à la nature même des êtres et semble prendre un caractère plus spontané, sinon plus véritablement libre.

Toutefois cette seconde explication du mouvement paraît encore insuffisante à Épicure, précisément parce qu'elle présuppose encore une idée de loi nécessaire. La pesanteur, en effet, a une direction déterminée suivant une loi invariable ; la ligne qu'elle suit est soumise aux théorèmes des mathématiques. S'ils n'étaient animés que par cette seule force, les atomes, emportés parallèlement avec la même vitesse pendant l'éternité, « tomberaient comme des gouttes « de pluie dans la profondeur du vide : Imbris uti guttce caderent « per inane profundum. » Au point de vue purement mécanique où s'arrête cette hypothèse, la nécessité peut se représenter par la ligne droite : les principes des choses, entraînés par la pesanteur, persévéreront éternellement dans le mouvement commencé, tant qu'une autre force ne viendra pas brusquement courber la ligne rigide qu'ils tracent à travers l'espace. Mais où trouver cette force ? — Ici Épicure fait appel à l'expérience intérieure : il cherche en nous le principe de mouvement qui, transporté au fond de toutes choses, donnera enfin l'explication cherchée.

L'observation d'où part Épicure, c'est que nous distinguons en nous-mêmes deux sortes de mouvements impossibles à confondre, le mouvement contraint et le mouvement spontané. *Être mû* n'est pas tout ; nous savons aussi par expérience ce que c'est que *se mouvoir*. Nous sommes avertis de l'un par un sentiment tout différent de celui qui nous révèle l'autre. « C'est de la volonté de l'esprit que le mouvement procède d'abord : de là il est distribué par tout le corps et les membres. Et ce n'est plus la même chose que quand nous marchons sous le coup d'une impulsion, cédant aux forces supérieures d'un autre et à une contrainte violente. Car en ce cas il est évident que toute la matière de notre corps — marche et est entraînée malgré nous, jusqu'à ce qu'elle ait été refrénée à travers les membres par la volonté. Ne voyez-vous pas alors, quoique souvent une violence extérieure nous pousse, nous force à marcher malgré nous et nous entraîne en nous précipitant, ne voyez-vous pas que cependant il y a dans notre cœur quelque chose qui peut lutter contre elle et se dresser en obstacle ? À son arbitre, la masse de la matière est aussi forcée parfois de se fléchir à travers les membres, à travers les articulations : poussée d'abord en avant, elle est refrénée, et, ramenée en arrière, elle est réduite au repos. »

Une seconde preuve de l'opposition entre le mouvement volontaire, que nous révèle l'effort, et le mouvement fatal des organes, c'est, suivant les épicuriens, le contraste qui existe parfois entre l'élan immédiat de la volonté et son exécution plus lente dans la matière rebelle : tous les êtres animés en sont un exemple, « Ne voyez-vous pas, quoique la carrière soit devant lui ouverte en un instant, que l'impétuosité ardente du coursier ne peut s'élancer aussi soudainement que le désire l'âme même ? C'est que toute la masse de la matière, à travers le corps entier, doit être recueillie, rappelée dans tous les membres, pour qu'une fois rassemblée elle puisse suivre l'élan de l'esprit. »

Voilà les faits d'expérience intime invoqués par Épicure et qui nous obligent à reconnaître en lui, de la manière la plus inattendue, un prédécesseur de Maine de Biran.

Maintenant, de ces faits observables, par une induction fondée sur le principe de causalité, Épicure va passer à la considération de l'univers. Il n'y a rien sans cause, et quelque chose ne peut pas venir de rien, voilà le principe. Donc le pouvoir qui est en nous doit avoir sa cause et se retrouver dans les germes des choses, dans les « semences de vie » ou atomes ; donc il ne faut plus se représenter les atomes comme inertes et morts, mais comme portant en eux la puissance de se mouvoir. « *C'est pourquoi dans les germes des choses il faut avouer qu'il existe également, outre le choc et outre la pesanteur, une autre cause de mouvement*, de laquelle nous est venue à nous-mêmes cette puissance qui nous est innée : car de rien nous voyons que rien ne peut sortir. »

II existe donc en définitive d'après Épicure (et le témoignage de Cicéron pourrait ici confirmer celui de Lucrèce), trois causes de mouvement de plus en plus profondes et intimes : le choc, qui est à la fois extérieur et fatal ; la pesanteur, qui est intérieure mais paraît encore fatale, et enfin la volonté, qui est tout à la fois intérieure et libre, *libera voluntas*. Cette volonté se manifeste par le pouvoir de faire décliner le mouvement, de lui faire quitter la ligne droite où la fatalité le poussait ; c'est en un mot le pouvoir de s'incliner soi-même au mouvement, pouvoir qui, dans les germes éternels des choses, sera la déclinaison spontanée, échappant à toute prédétermination de temps ou de lieu. « La pesanteur empêche déjà que tout ne se fasse par choc comme par une force externe : mais, que l'âme elle-même n'ait point en soi une nécessité intestine, dans toutes les actions à accomplir, et que, vaincue, elle ne soit pas contrainte de tout subir et de rester passive, voilà ce qu'empêche l'imperceptible déclinaison des principes de toutes choses, dont on ne peut par le calcul (*ratione*) déterminer le lieu ni déterminer le temps. »

Revenons maintenant de la psychologie à la cosmologie. À l'origine idéale des choses, nous le savons, l'atome descendait dans le vide en vertu de sa pesanteur ; non loin de lui d'autres atomes descendaient, également solitaires, et si la nécessité seule avait continué d'imprimer aux atomes ce mouvement éternellement le même, le monde n'aurait pu naître : la nécessité serait inféconde. Mais puisque nous connaissons maintenant par expérience « une autre cause de mouvement que le choc et le poids, » puisque « c'est des germes des choses que nous vient la libre puissance innée en nous, » le principe de cette puissance doit se retrouver à l'origine dans l'atome même. L'atome pourra donc tirer de soi le mouvement qui le rapprochera des autres atomes ; il pourra, s'arrachant spontanément à la nécessité qui l'entraînait, s'arracher par là à la solitude et commencer la création de l'univers. Tant que la nécessité était maîtresse de toutes choses, il n'existait, à vrai dire, qu'un chaos d'atomes emportés dans le vide ; le premier mouvement parti de l'être même marque l'origine du cosmos. De la ligne rigide qu'il décrivait à travers l'espace et qui était comme la représentation de la nécessité, l'atome dévie spontanément, « *sponte sua,* » sans l'intervention d'aucune autre force, sans l'intersection d'aucune autre ligne : déviation légère, insensible, infiniment petite; qu'importe la quantité, pourvu que cette quantité soit obtenue, et que cette ligne nouvelle à peine dessinée marque l'apparition d'une puissance inhérente à l'être même, d'une « nouvelle cause de mouvement dans l'univers », l'apparition de la vie ? Se mouvoir soi-même, c'est vivre. Cette ligne qui ira se compliquant peu à peu et formera au sein du vide une première esquisse des figures géométriques, une première harmonie, c'est le raccourci de toutes les harmonies de l'univers.

En agrandissant leurs courbes « dans la profondeur du vide », des atomes finissent par se rencontrer, se toucher. « Palpitant » alors sous le choc, ils bondissent et rebondissent jusqu'à ce qu'ils se soient enlacés l'un l'autre, et cet enlacement mutuel produit enfin le repos. Ayant vaincu l'espace qui les séparait, ([citation en grec]), ils font obstacle à la chute des nouveaux atomes ; ceux-ci sont arrêtés au passage ([citation en grec]), et viennent grossir chaque corps déjà formé, qui se trouve être ainsi le noyau d'un monde. Le vide se peuple de formes étranges, et tous ces mondes naissent, dont l'harmonie régulière, une fois produite, nous fait croire faussement à la fatalité primitive.

Dès lors il n'est plus besoin, pour rendre raison de l'univers, de recourir à un *deus ex machinâ*, à une cause supérieure et surnaturelle, qui deviendrait pour l'homme une puissance tyrannique : le monde peut se passer des dieux, il peut se passer d'une intelligence ordonnatrice, conséquemment nécessitante. L'espace est infini, les atomes sont en nombre infini, le temps s'ouvre à l'infini devant eux : avec ces trois infinis qu'y a-t-il d'impossible, et comment la force spontanée existant en chaque atome n'aurait-elle pas suffi à organiser le monde fini qui est devant nos yeux ? Les Épicuriens ne reculent point devant l'idée d'infini (comme plusieurs partisans modernes de la contingence universelle, qui confondent dans la même aversion les notions d'infini et de nécessaire). Pour Épicure, l'infini est au contraire la garantie de la liberté dans l'homme et de la spontanéité dans les choses. C'est l'infinité même des combinaisons dans l'espace et le temps infinis qui rend inutile l'hypothèse d'une intelligence divine, d'un plan préconçu et fatalement suivi, d'un monde des Idées préexistant au monde réel et le nécessitant ; l'initiative des atomes peut remplacer l'initiative, d'un créateur ; leur volonté spontanée, qui deviendra liberté chez l'homme, peut se substituer à la volonté réfléchie d'un démiurge ou d'une providence.

Le premier résultat remarquable de cette conception d'Épicure, c'est qu'elle agrandit le monde. Si le monde avait été créé par une volonté divine, cette volonté insondable aurait pu ne tirer du néant que ce qu'elle eût voulu, ne donner naissance qu'à la terre élue par elle et entourée par elle d'une ceinture d'étoiles et de soleils. Mais si le monde est en quelque sorte le produit de l'infini, il doit être infini lui-même. En supprimant l'idée du dieu créateur, Épicure et Démocrite aboutissent logiquement à la conception moderne du monde, où nous ont amenés si tard les découvertes astronomiques. Si notre terre est l'œuvre des atomes, pourquoi « tous ces autres atomes placés en dehors d'elle resteraient-ils oisifs ? » La nature est aussi féconde qu'elle est grande. Partout dans l'espace la vie éclate. « Dire qu'il n'y a qu'un seul monde dans l'infini, s'écriait Métrodore, c'est comme si l'on disait qu'un vaste champ est fait pour produire un épi. » Au lieu d'un seul monde, il y en a donc, comme des atomes, à l'infini. « Je les vois se former au sein du vide, » dit Lucrèce avec enthousiasme. Ces mondes, ces orbes, terrarurn orbes, ont leurs habitants ; ce sont de grands corps qui se développent comme notre corps, puis meurent comme lui pour faire place à d'autres : tous les jours il naît et il meurt des mondes dans l'espace infini ; c'est une perpétuelle évolution suivie d'une perpétuelle dissolution. Car Épicure ne tenait pas moins à l'idée de la dissolution des mondes qu'à celle de leur formation spontanée, et Lucrèce revient à plusieurs reprises sur ce sujet. Un monde qui resterait perpétuellement le même aurait un caractère de *divinité ;* on serait porté à l'adorer : les anciens adoraient les astres ; il redeviendrait pour nous un objet de terreur superstitieuse et une nouvelle sorte de destin. Par cette persévérance à repousser du monde toute forme du divin, Épicure se rencontre naturellement avec les savants contemporains, qui considèrent la marche des choses comme produite indépendamment d'un dieu ordonnateur. Aussi les savants modernes retrouveront-ils chez les Épicuriens le germe de leurs idées : Lucrèce avait parlé avant Lamarck de ces tâtonnements successifs (*tentando, experiundo*) par lesquels les éléments cherchent à se combiner et finissent par trouver en effet une combinaison stable. Il avait parlé avant Darwin de l'existence d'espèces maintenant disparues, parce qu'elles n'avaient pas su déployer assez « de force », de « ruse » ou « d'agilité » pour vaincre leurs adversaires, pour se reproduire et traverser les siècles. Il avait parlé avant M. Spencer du développement des mondes semblable à celui des individus, et aboutissant comme celui-ci à la vieillesse et à la mort. Enfin c'est chez Lucrèce qu'on trouve pour la première fois — exprimée clairement et développée scientifiquement l'idée d'un progrès par lequel l'humanité s'avance pas à pas vers le mieux, *pedetentim progreditur.*

Une seconde conséquence de la théorie épicurienne, c'est que l'homme, formé comme le monde par le rapprochement spontané des principes de vie, tient du monde tout ce qu'il possède, est fait à son image et n'a rien en lui-même de supra-naturel. Que sommes-nous, sinon une réunion d'atomes, mais d'atomes plus subtils, plus capables encore de « décliner », et plus conscients de l'élan intime par lequel ils se meuvent ? Notre liberté elle-même, loin d'être supérieure à la nature, n'a son origine qu'en elle et n'est que l'achèvement de son essentielle spontanéité. On ne saurait expliquer autrement, selon Épicure, le pouvoir que nous prétendons tous posséder de choisir entre deux directions contraires, de nous porter librement là où notre volonté nous conduit, quô ducit qiiemque voluntas, de nous arracher en quelque sorte au poids des habitudes ou des tendances acquises. « Si toujours tout mouvement nouveau naît d'un précédent dans un ordre nécessaire, si les germes des choses, en déclinant, ne produisent pas un principe de mouvement qui brise les liens de la nécessité et empêche la cause de suivre la cause à l'infini, d'où surgit chez les êtres vivants sur la terre, d'où surgit, dis-je, cette libre puissance arrachée au destin ? Par elle nous marchons où nous conduit notre volonté. Nous déclinons, nous aussi, nos mouvements sans qu'on puisse d'avance déterminer le temps ni l'endroit de l'espace, mais comme l'a voulu notre esprit même. Car sans aucun doute c'est la volonté de chacun qui est le principe de ces actions, et c'est de là que les mouvements se répandent à travers les membres » .

On voit quelle unité règne dans la conception d'Épicure : non-seulement le monde se suffit à lui-même, mais il suffit à expliquer l'homme et la liberté que l'homme croit sentir en lui. La nature et l'homme sont tellement solidaires, qu'on ne peut trouver chez l'un quelque chose d'absolument nouveau qui manquerait à l'autre : voulons-nous qu'on reconnaisse en nous-mêmes un principe de spontanéité et de liberté, ne le retirons pas entièrement des choses. On ne peut pas faire sa part à la nécessité et dire : elle règne tout autour de nous, mais elle ne règne pas sur nous. « Épicure avoue, dit Cicéron, qu'il n'eût pu poser de bornes à la fatalité s'il ne se fût réfugié dans l'hypothèse de la déclinaison. » « C'est, dit-il encore par le mouvement spontané de déclinaison qu'Épicure croit possible d'éviter la nécessité du destin. Il mit en avant cette hypothèse parce qu'il craignit que, si toujours l'atome était emporté par la pesanteur naturelle et nécessaire, *nous n'eussions rien de libre ;* car l'âme serait mue de la même manière, de sorte qu'elle serait contrainte par le mouvement des atomes. Démocrite, lui, l'inventeur des atomes, avait mieux aimé accepter que toutes choses se fissent par nécessité, que d'ôter aux atomes leurs mouvements naturels. » Démocrite et Épicure sont d'ailleurs aussi logiques l'un que l'autre ; le premier, admettant partout dans le monde la nécessité, la plaça aussi chez l'homme ; le second, admettant la liberté chez l'homme, se vit forcé d'introduire aussi dans le monde un élément de contingence. Le véritable désaccord entre Démocrite et Épicure roule donc bien sur cette question : sommes-nous libres, ou non, et plus généralement : — y a-t-il en toutes choses spontanéité ou fatalité absolue ? — C'est à cette alternative que se ramène celle de la déclinaison spontanée ou du mouvement nécessaire ; c'est ce problème moral qu'Épicure a transporté à l'origine des choses et dont il a fait le problème même de la création.

Ni Épicure ni Lucrèce ne se dissimulaient combien ils choqueraient l'opinion en lui proposant l'idée d'une déclinaison spontanée. « Quelle est, demande Cicéron, cette cause nouvelle dans la nature, pour laquelle l'atome décline ? » Supposer que, sans détermination physique ou mathématique, sans force fatale venue du dehors ou placée au-dedans, les atomes dévient et déclinent d'une manière qui échappe au calcul (*ratio*), cela est incompréhensible ; et tant qu'il s'agit d'atomes, de lignes droites et de lignes courbes, notions purement géométriques, tout l'avantage semble rester aux « physiciens ; » mais il n'en est plus ainsi selon Épicure lorsque, rentrant en nous-mêmes, nous réclamons pour nous cette liberté que nous refusons aux autres êtres. Si on admet l'arbitre en nous, pourquoi le restreindre à nous ? si, là où il n'y a plus de motif assez fort pour nous déterminer fatalement à telle action, on suppose encore une volonté assez puissante pour s'y porter d'elle-même, et si on ne veut pas voir là de contradiction, on ne devra pas en voir davantage dans le mouvement sans cause extérieure et apparente des vivants atomes. Comment le grand monde qui nous entoure ne serait-il qu'un vaste et inflexible mécanisme, si on prétend que notre petit monde est une source vive de volonté et de mouvement ?

Par cette habile position du problème, Épicure espère enlever à sa solution ce qu'elle paraissait d'abord avoir de contradictoire et d'absurde : l'absurdité, s'il y en a une, est transportée dans la conception du libre-arbitre. Étant données d'une part l'apparente nécessité de tous les phénomènes, d'autre part l'apparente liberté du vouloir et du mouvoir, il est impossible d'éviter le conflit entre ces deux puissances contraires ; il faut accepter l'une et rejeter l'autre ; or, à en croire Épicure et Lucrèce, le choix n'est pas douteux, puisque l'une, nous la sentons, et que l'autre, nous la conjecturons.

Placés dans cette alternative, les contemporains d'Épicure essayèrent pourtant de s'y soustraire. On trouve dans le *De fato* de Cicéron un passage intéressant à ce sujet. Selon Cicéron, Carnéade disait que les Épicuriens auraient pu défendre leur thèse contre le déterminisme stoïcien sans avoir recours à la déclinaison. « Car, puisqu'ils enseignaient qu'il peut exister un certain mouvement volontaire de l'âme, il eût été mieux de défendre ce point, que d'introduire la déclinaison, dont ils ne peuvent précisément trouver de cause ; en défendant ce principe, ils pourraient facilement résister à Chrysippe. »

Carnéade blâme ici les Épicuriens d'avoir transporté le problème de la liberté dans l'univers, au lieu de le restreindre à l'homme : ils pouvaient, selon lui, soutenir que l'homme est libre sans placer pour cela la liberté de mouvement dans l'atome : ils eussent dû dire que l'atome et l'homme se meuvent tous deux en vertu de leur *nature* propre, sans cause extérieure et antécédente, et substituer ainsi la nature à la nécessité ou à la liberté. « Accorder qu'il n'y a point de mouvement sans cause, ce ne serait pas accorder que tout se fait par des causes antécédentes, car notre volonté n'a pas de causes extérieures et antécédentes. Nous usons donc du langage vulgaire en disant que nous voulons une chose ou ne la voulons pas sans cause, car par ces mots nous entendons : sans une cause extérieure et antécédente », non sans une cause quelconque. De même que, quand nous disons qu'un vase est vide, nous ne parlons pas comme les physiciens, qui nient le vide, mais nous voulons dire par exemple que le vase est sans eau, sans vin, sans huile, de même quand nous disons que l'âme se meut sans cause, nous voulons dire sans une cause antécédente et extérieure, et non absolument sans cause. On peut dire de l'atome même, lorsqu'il est mû à travers le vide par son propre poids, qu'il est mû sans cause, parce que nulle cause ne survient du dehors. Mais, pour ne pas être tous raillés par les physiciens si nous prétendons que quelque chose arrive sans cause, il faut faire une distinction, et dire que la nature même de l'atome est d'être mû par son poids, que c'est là la cause pour laquelle il se meut ainsi. » Par cette ingénieuse introduction de l'idée de *nature*, Carnéade croit échapper à l'idée de nécessité sans avoir besoin d'invoquer la déclinaison spontanée des atomes ; selon lui, l'atome ne se meut pas parce qu'une cause extérieure le pousse, ni parce qu'il décline spontanément : il se meut parce que telle est sa nature. « De même, pour les mouvements volontaires des âmes, il ne faut pas chercher de cause extérieure : car le mouvement volontaire possède lui-même en soi cette nature d'être en notre puissance, de nous obéir, et cela non sans cause : la nature même est la cause de cette action. » Ainsi, par l'idée de nature, c'est-à dire d'une cause qui ne serait proprement ni libre ni nécessaire, Carnéade espère concilier la régularité des mouvements dans l'univers avec leur liberté arbitraire dans l'homme.

Cet argument subtil de Carnéade (que Bayle admire) ne put convaincre les Épicuriens : n'est-ce point se payer de mots que d'invoquer la nature comme cause, et de soutenir que cette cause n'a pas un caractère fatal, qu'elle ne ramène pas avec elle l'idée de nécessité qu'on voulait écarter ? Carnéade croit que, si la nature de l'atome est d'être mû par son propre poids, l'atome, en échappant ainsi à une cause extérieure, échappe à la nécessité ; mais Lucrèce répond en distinguant deux sortes de nécessité également à craindre, l'une extérieure, *externa vis*, l'autre intérieure, *necessum intestinum*. Parce que la pesanteur est naturelle (gravitas naturalis), en est-elle moins *nécessaire* (*necessaria*) ? Et si la nécessité règle seule les mouvements de l'atome, pourquoi ceux de nos âmes y échapperaient-ils ? D'où vient cette nouvelle nature de mouvement qui, selon les expressions de Carnéade, « serait en notre puissance et n'obéirait qu'à nous ? » Nos âmes ne sont-elles pas composées des mêmes éléments que le reste de l'univers et peuvent-elles faire exception à la loi commune ? Dans ce débat, c'est Épicure, semble-t-il, qui se montre le plus logique. Au moins est-il intéressant de voir par ce passage combien l'idée de liberté a préoccupé les Épicuriens, et avec eux l'antiquité.

II. — Une nouvelle question se pose. Il semble impossible de contester que, le premier dans l'antiquité, Épicure a tenté d'introduire la contingence au sein de la nature, d'expliquer par des mouvements spontanés la formation du monde et de'légitimer ainsi l'existence de la liberté humaine. Mais on croit d'ordinaire que la contingence, placée par Épicure à l'origine des choses, existait selon lui à l'origine seulement et disparaissait ensuite pour laisser de nouveau place à la nécessité. Une fois le monde fait, une fois la machine construite, pourquoi n'irait-elle pas toute seule sans qu'il soit besoin d'invoquer désormais aucune autre force que la nécessité ? La « chaîne du destin » dont parle Lucrèce a été rompue une fois, comme on l'a dit, « par un coup du sort ; » cela peut suffire ; depuis, ne s'est-elle pas reformée anneau par anneau, et de nouveau n'enserre-t-elle pas l'univers ? Selon cette hypothèse, Épicure n'aurait introduit la « déclinaison » dans la nature que par une sorte d'expédient dialectique, et se serait empressé de l'en retirer aussitôt.

Pour confirmer cette hypothèse du déterminisme succédant à la contingence dans l'univers, on invoque un passage où Lucrèce, voulant combattre l'idée de création divine, soutient que nul être ne peut sortir tout fait du néant, qu'il a besoin pour naître d'un germe préexistant et de conditions déterminées (*certis*). Ainsi, dit Lucrèce, la rosé ne sort pas tout à coup du néant, les moissons n'apparaissent pas soudain jaunissantes à la surface de la terre, l'enfant n'est pas homme en un jour. Rien ne vient de rien, et tous les êtres proviennent d'un germe se développant dans le temps d'une manière déterminée. De plus, ajoute-t-il, il faut que ce germe soit approprié à l'individu qui doit en sortir ; car les êtres ne sont pas engendrés dans des conditions indéterminées, par hasard (*incerto partu*) : ni les corps ni les arbres ne peuvent produire des fruits de toute espèce ; les poissons ne naissent pas dans la terre, les troupeaux ne tombent pas des nues, l'homme ne se forme pas au sein de la mer, « car chaque être naît de germes déterminés, qui sont l'objet d'une *certitude* scientifique » (*seminibus quia certis quidque creatur*). C'est sur cet emploi du mot certus plusieurs fois répété à propos des germes des organismes, qu'on s'est appuyé pour conclure qu'à l'indétermination de la cause première succède dans le système épicurien la détermination immuable des effets, que ce vaste univers obéit maintenant et obéira éternellement aux lois de la nécessité, que la déclinaison est dorénavant incapable de rompre l'enchaînement des causes.

Une telle conclusion nous semble dépasser la pensée de Lucrèce. Certains philosophes qui de nos jours admettent comme Épicure, — à tort ou à raison, — la contingence dans l'univers, croiraient-ils pour cela qu'un pommier peut produire une orange, ou un oranger une pomme, qu'un atome à lui seul peut enfanter ce qui suppose une combinaison déterminée d'atomes, qu'un homme à lui seul peut faire une famille ou une cité ? Autre chose est de croire que l'univers, dans ses premiers principes, n'est pas soumis à une nécessité absolue, et autre chose de croire au dérangement soudain de toutes les lois ou résultantes naturelles. Le mouvement spontané et initial ne peut être *calculé* et *déterminé* d'avance (nec ratione loci certâ), mais les combinaisons des mouvements une fois produites peuvent être calculées et déterminées, elles constituent une matière certaine dont les choses ont besoin pour naître (materies *certa* rebus gignundis).

Il est une idée que Lucrèce et les Épicuriens tiennent précisément à combattre, c'est l'idée du merveilleux, du miraculeux. Nous savons qu'ils ont autant d'aversion pour la puissance miraculeuse de la divinité que pour la puissance rationnelle de la nécessité ; c'est donc ces deux puissances à la fois, et non une seule, qu'ils veulent supprimer. Introduire dans les phénomènes assez de régularité pour que le miracle n'y puisse trouver place, assez de spontanéité pour que la nécessité n'ait plus rien d'absolu, de primitif ni de définitif, tel est le double but poursuivi par les Épicuriens. Voyons comment ils espèrent l'atteindre.

Contre l'idée de miracle, Épicure et Lucrèce invoquent la nature même et la forme des atomes, d'où naissent entre eux des différences ineffaçables. L'atome ne peut pas plus changer sa nature que l'homme ne peut quitter sa nature d'homme. Il s'en suit que, pour former un corps quelconque, il ne suffit pas d'associer au hasard des atomes de toute espèce. Il faut d'abord un germe déterminé où se trouvent déjà réunis un certain nombre d'atomes d'une espèce donnée ; puis, pour que ce germe se développe, il a besoin de rencontrer dans l'espace et de s'approprier les atomes d'une nature analogue aux siens ; s'il ne les rencontre pas, il est arrêté en son développement, il meurt ; s'il les rencontre, il se développe en se les assimilant, il croît, mais lentement, car il ne peut rencontrer d'un seul coup tous les éléments et matériaux qui lui sont nécessaires. Le temps devient ainsi la condition et le facteur du développement des êtres. Et alors, nulle puissance capricieuse ne peut faire apparaître en un jour des êtres nouveaux dans le monde, pas plus qu'elle n'a pu faire sortir le monde lui-même du néant. La création et le miracle sont également impossibles ; toutes les fables de la religion païenne où les dieux ressuscitaient les morts, où ils métamorphosaient les êtres vivants, sont du coup anéanties ; les phénomènes célestes ou terrestres dans lesquels on voyait se manifester directement la colère ou le pardon des dieux, perdent toute signification. Lorsque Lucrèce veut nous montrer comment Épicure a réussi à vaincre la religion et les dieux, il nous dit que c'est en enseignant aux hommes « ce qui peut naître et ce qui ne le peut, par quelle raison chaque chose a une puissance limitée et rencontre une borne qui lui est attachée profondément (*altè terminus hærens*). » Ainsi c'est bien contre l'idée religieuse, contre toute intervention des dieux dans l'univers, que sont dirigées les paroles de Lucrèce ; et suivant lui la principale objection au merveilleux est tirée de l'organisation déterminée et du développement régulier des corps. Il y a là une idée digne de remarque. Toutes les sciences en effet ne paraissent pas d'abord également ennemies des religions : là où il semble que l'opposition entre les sciences et les religions soit le plus marquée et le plus décisive, c'est dans les sciences physiologiques ; la genèse des organismes, où l'hérédité et le temps jouent un tel rôle, exclut plus formellement toute puissance surnaturelle, toute création magique des êtres ; un *fiat lux* paraît encore admissible, un *fiat homo* ou *fiat lupus* fait sourire ; le premier conserve une apparence de sublimité, le ridicule du second éclate au premier abord. Moins une science est abstraite, plus elle est incrédule.

Maintenant, de ce qu'Épicure s'est ainsi efforcé de détruire le merveilleux et le miraculeux, s'ensuit-il qu'après le hasard de la première déclinaison il ait tout rendu nécessaire ? Parce qu'il n'y a point de dieux agissant sur le monde, s'ensuit-il qu'il n'y ait plus nulle part aujourd'hui de spontanéité ni de liberté ? Telle n'est certainement point la pensée d'Épicure.

Nous savons que, selon lui, ce qui explique et commence en quelque sorte la liberté de l'homme, c'est la spontanéité de mouvement dans l'atome, c'est le pouvoir de décliner. Or ce pouvoir, qui introduit la contingence dans l'univers, ne disparaît nullement après la formation de l'univers. Pourquoi disparaîtrait-il ? Pourquoi, après avoir produit le monde par leurs mouvements spontanés, les atomes « resteraient-ils oisifs, » suivant une expression de Lucrèce, et ne pourraient-ils contribuer à de nouveaux progrès en « tentant » sans cesse des « combinaisons nouvelles » ? Les textes précédemment examinés ne prouvent absolument rien en faveur d'une telle hypothèse. Au contraire, partout où les Épicuriens parlent de la déclinaison, ils la considèrent non pas comme un fait passé, comme un coup du sort, une exception fortuite qui se serait produite une fois et ne se reproduirait plus, mais comme un pouvoir très-réel que conservent et les atomes et les individus formés par la réunion de ces atomes. Ce pouvoir, l'homme en use tous les jours, suivant Lucrèce. On n'a pas oublié le texte important : « Nous déclinons nos mouvements, sans que le temps et le lieu soient *déterminés*, mais comme nous y a portés notre esprit même. »

Declinamus item motus, nec tempore certo

Nec regione loci certâ, sed uti ipsa tulit mens

Un autre passage relatif non plus à la déclinaison des âmes, mais à celle des corps pesants, n'est pas moins décisif. Évidemment, dit Lucrèce, les corps pesants que nous voyons tomber ne suivent pas, dans leur chute, une direction oblique ; mais « qu'ils ne déclinent absolument point de la ligne perpendiculaire, qui pourrait soi-même le discerner ? »

Sed nihil omnino rectâ regione viaï

Declinare, quis est qui possit cernere sese ?

Ainsi, suivant cette conception un peu naïve d'Épicure, même devant nos yeux, même dans les assemblages de matière les plus grossiers, la spontanéité pourrait bien encore avoir une place ; elle pourrait se manifester par un mouvement réel, quoique insensible, par une perturbation dont l'effet n'apparaîtra qu'après des siècles. Partout donc où se trouve l'atome, dans les objets extérieurs comme en nous-mêmes, se trouvera plus ou moins latent le pouvoir de rompre la nécessité ; et puisque, hors l'atome, il n'y a que le vide, nulle part ne régnera une nécessité absolue ; le libre pouvoir que possède l'homme existera partout, à des degrés inférieurs, mais toujours prêt à s'éveiller, à agir.

Est-ce à dire qu'en mettant partout la spontanéité, Épicure ait mis partout une sorte de miracle et soit ainsi revenu sans le vouloir à la conception d'une puissance merveilleuse toute semblable à celle des dieux ? Non, et Épicure a toujours cru pouvoir rejeter l'idée de miracle tout en défendant l'hypothèse de la déclinaison qui lui était chère. Pour qu'il y ait vraiment miracle, deux conditions doivent être réalisées : d'abord il faut supposer des puissances existant en dehors de la nature, ensuite il faijt leur attribuer un pouvoir assez grand sur la nature pour modifier à la fois, d'après un plan préconçu, tout un ensemble de phénomènes. Au contraire la spontanéité des atomes est un pouvoir placé dans les êtres mêmes, non en dehors d'eux, et d'autre part ce pouvoir ne s'exerce que sur un seul mouvement, il ne dépasse les lois nécessaires de la mécanique (lois ultérieures et dérivées) que sur un seul point et d'une manière tout à fait insensible. Les mouvements spontanés ne peuvent avoir de résultats qu'à la longue, en s'accumulant, en permettant des combinaisons nouvelles, en aidant ainsi la marche des choses au lieu de l'entraver ; la spontanéité, si elle existe, va dans le sens de la nature : à en croire Épicure, nous ne dérangeons pas véritablement les lois de la nature quand, par une décision de la volonté impossible à déterminer d'avance (*non certa*), nous nous déterminons nous-mêmes dans tel ou tel sens, nous prenons telle ou telle direction. Le miracle, au contraire, est en opposition directe et formelle avec la nature : c'est un arrêt violent dans la marche des choses. Pour susciter tout d'un coup une comète ou un météore, par exemple, il faudrait déranger tout un ensemble de phénomènes, faire converger vers un but particulier, absolument contraire à celui de la nature, tout un ensemble de mouvements. Le pouvoir des dieux serait donc éminemment ennemi de la nature, et c'est pour cela qu'Épicure et Lucrèce le combattent avec acharnement. La spontanéité, au contraire, précède, suit et complète la nature, l'empêche d'être un pur mécanisme incapable du mieux ; c'est pour cela qu'Épicure la maintient : il espère ainsi, à tort ou à raison, contre-balancer la nécessité sans déranger néanmoins l'ordre des choses.

III. — De même qu'Epicure a combattu le déterminisme physique, il prétend également détruire le déterminisme logique. Ennemi des lois nécessaires de l'intelligence comme des lois nécessaires de la matière, il s'efforce de renverser cet axiome que, de deux propositions contradictoires, l'une est nécessairement vraie et l'autre fausse : pour cela, s'inspirant d'Aristote, il s'appuie de nouveau sur le sentiment intime de notre libre arbitre. De deux propositions contradictoires au sujet d'un événement futur, ni l'une ni l'autre prise en particulier n'est vraie : car, s'il y en avait une de vraie, si l'on pouvait par exemple prévoir à coup sûr une des décisions du libre arbitre, ce libre arbitre même serait supprimé.

La science de la divination, la prescience, qui tenterait de lier l'avenir, est aussi rejetée : l'avenir appartient à la puissance spontanée ; l'avenir, c'est ce qui sortira de l'indétermination persistant jusque dans la détermination présente. La science des devins ne peut donc se soutenir : [citation en grec]. On ne peut tirer de pronostics ni du vol des oiseaux ni de tous ces phénomènes qu'observaient patiemment les augures antiques. Comment se mettre dans l'esprit, dit Épicure, que le départ des animaux d'un certain lieu soit réglé par une divinité, qui s'applique ensuite a remplir ces pronostics ? Il n'y a pas même d'animal qui voudrait s'assujettir à ce sot destin ; à plus forte raison n'y a-t-il pas de dieux pour l'établir. — Ce n'est point seulement une croyance superstitieuse qu'Épicure combat ici en rejetant la divination, c'est encore et toujours l'idée de fatalité. Jusqu'alors toute l'antiquité, sans en excepter les philosophes, croyant plus ou moins au destin, avait cru plus ou moins à la prescience et à la divination. Les stoïciens surtout l'admettaient formellement ; dans leur pensée, toutes choses se liant, se tenant et conspirant ensemble, il devait être possible pour l'âme inspirée d'apercevoir dans les choses présentes les choses futures, de lire l'avenir dans le moindre événement, dans le plus insignifiant en apparence. Mais si on ôte à la fois du monde le nécessaire et le divin, la divination, cette croyance sur laquelle reposait en partie la vie antique, disparaît du même coup. On connaît le passage du *De naturâ deorum* où l'épicurien Velléius raille les Stoïciens de leur triple croyance à la providence, à la fatalité, à la divination. « S'il y a dans le monde un dieu qui le gouverne, qui préside au cours des astres et aux saisons, qui conserve l'ordre et les changements réguliers des choses, qui ait l'œil sur la terre et sur les mers, qui protège la vie et les intérêts des hommes, de quelles tristes et pénibles affaires le voilà embarrassé ! Comme les poètes tragiques, lorsque vous ne pouvez dénouer votre pièce, vous avez recours à un dieu... Ainsi vous nous mettez sur la tête un maître éternel, dont nous devrions jour et nuit avoir peur. Car comment ne pas craindre un dieu qui prévoit tout, qui pense à tout, qui remarque tout, qui croit que tout le regarde, dieu curieux et affairé. De là d'abord votre nécessité fatale, que vous appelez [mot grec]. Ce qui arrive, vous le prétendez découlé de la vérité éternelle et de l'enchaînement continu des causes : quel prix attacher à une philosophie qui, comme les vieilles femmes, et les plus ignorantes, croit que tout se fait par le destin ? Vient ensuite votre [mot grec], que les Latins appellent divination. À vous en croire, nous deviendrions superstitieux jusqu'à révérer les aruspices, les augures, les devins, tous les oracles, tous les prophètes. Pour nous, exempts de toutes ces terreurs et mis en liberté par Épicure, nous ne craignons point les dieux… »

Après avoir tenté de détruire le déterminisme physique et logique, Épicure ne s'arrête pas dans cette voie, il s'attaque à ce qu'on pourrait appeler le déterminisme moral, je veux dire cette doctrine qui nie la responsabilité et considère comme menteurs l'éloge ouïe blâme.

L'idée de responsabilité, de valeur propre et personnelle, sans considération de peine ou de récompense extérieures, est en général étrangère aux systèmes utilitaires ; mais Épicure, estimant que la liberté est la plus grande des utilités et la posant comme la condition définitive du bonheur, ne pouvait pas ne pas poser avec elle son corollaire naturel, si peu en harmonie, ce semble, avec l'idée première de son système. « La nécessité, écrit-il à Ménécée, la nécessité, dont quelques-uns font la maîtresse de toutes choses, se ramène en partie au hasard, en partie à notre pouvoir personnel. » Au hasard se ramènent les événements extérieurs, qui ne sont point primitivement soumis à une loi nécessaire, mais à des causes spontanées dont nous ne pouvons prévoir les effets ; à notre pouvoir personnel se ramènent nos événements intérieurs, qui ne sont soumis non plus à aucune loi nécessaire, mais ont la liberté pour cause. « En effet, continue Épicure, d'une part la nécessité est *irresponsable*, d'autre part le hasard est *instable ;* mais la liberté est *sans maître*, et le blâme, ainsi que son contraire [la louange], l'accompagne naturellement. »

Ainsi, puisque nous sommes sans maître, puisque nous sommes indépendants de tout ce qui n'est pas nous, le blâme ou la louange ne peuvent pas remonter au-dessus de nous, s'adresser ou à la nécessité ou au hasard ; ils s'arrêtent au moi. Par cette attribution d'une valeur intrinsèque à la liberté, Epicure semble faire un effort pour dépasser son propre système moral. S'il arrache, comme dit Lucrèce, la liberté au destin, ce n'est plus seulement, comme Lucrèce l'ajoute, pour qu'elle s'avance indépendante où l'appelle le plaisir ; c'est aussi pour que, dans cette indépendance même, elle trouve ce premier et ce dernier des plaisirs, — qui ne peut même plus s'appeler proprement un plaisir : — le sentiment de la valeur personnelle, de l'éloge, de la dignité.

Avec ce bien, on ne tient plus seulement, selon Épicure, quelque chose d'irresponsable ([citation en grec]), ni d'instable comme le hasard ([citation en grec]) ; c'est un bien immortel qui, en se joignant aux autres biens, les rend immortels comme lui. Aussi, après avoir opposé cette liberté méritante du sage au destin et au hasard, Épicure ajoute : « Ainsi tu vivras comme un dieu entre les hommes ; car en quoi ressemble-t-il à un être mortel, l'homme qui vit au sein de biens immortels ? »

IV. — Les textes qui précèdent peuvent enfin nous f.ire comprendre le vrai sens, trop méconnu, qu'Épicure attachait au mot de hasard ; pourquoi il tenait tant à sauver à la fois, selon les expressions de Plutarque, le hasard dans la nature, la liberté dans l'homme, et les conséquences morales qu'il tirait de sa théorie du clinamen.

D'abord le hasard n'est pas pour Épicure l'absence de cause ; car, nous le savons, rien ne se fait sans cause, rien ne vient de rien : c'est sur ce principe même qu'Épicure s'appuie pour induire de notre volonté à la nature. Le hasard n'est pas non plus à ses yeux, comme on l'a dit souvent, la liberté même ; car Épicure pose toujours les deux termes de *hasard* et de *liberté* parallèlement, sans confondre l'un avec l'autre ([citation en grec]). Le hasard en effet est extérieur, la liberté est intérieure. Le hasard est une manière dont les choses nous apparaissent dans leur relation avec nous : c'est l'imprévu, l'indéterminable, qui se produit dans un temps et dans un lieu non certains. Mais cet imprévu est le résultat d'une cause qui se cache derrière le hasard : « in seminibus esse aliam, præter plagas et pondera, causam Motibus, unde hæc est nobis innata potestas. » Cette cause, qui est le fond de la réalité, est en définitive, comme nous l'avons vu, la spontanéité du mouvement, inhérente aux atomes. Le hasard n'est que la forme sous laquelle cette spontanéité se révèle à nous. Quant à nous, ce qui nous constitue, c'est le pouvoir sur nous-mêmes et la liberté du vouloir et du mouvoir : [citation en grec]. Ainsi s'explique entièrement ce passage de Plutarque, que nous pouvons maintenant mieux comprendre : « Épicure donne à l'atome la déclinaison… afin que le hasard soit produit et que la liberté ne soit pas détruite : — [citation en grec] (spontanéité de déclinaison)… [citation en grec] (hasard extérieur qui en est la forme) [citation en grec] (liberté, intérieure qui en est le sentiment). » La [mot grec] et le [citation en grec] sont les deux modes d'une spontanéité identique au fond, à laquelle Épicure vient de nous dire que le destin des Physiciens se ramène.

Mais ce hasard extérieur, une fois manifesté, n'en devient pas moins pour nous une puissance plus ou moins hostile, la *fortune*, contre laquelle il faut, par la morale, savoir prémunir sa liberté. La fortune n'est plus, il est vrai, une puissance absolument invariable et invincible, comme l'était le destin. Avec le hasard changeant et variable, l'espérance est toujours permise, bien plus toujours commandée. Il est pourtant quelque chose de meilleur que de compter sur un hasard pour en corriger un autre : c'est de compter sur soi et sur ce qui dépend de soi : [citation en grec]. Puisque rien d'absolument malheureux, nulle infortune irrémédiable, nul destin inflexible ne peut s'imposer à nous au dehors comme au dedans, la nature ne peut nous dominer, et c'est nous, au contraire, qui devons la dominer par notre volonté. Le sage, qui aurait été réduit au désespoir et à l'inertie devant l'absolu de la nécessité ou du caprice divin, retrouvera toutes ses forces en face du hasard, c'est-à-dire au fond en face de la spontanéité, c'est-à-dire encore d'une puissance qui n'est plus terrible comme l'inconnu, mais qu'il connaît, et bien plus qu'il porte en lui-même. Il se dressera donc comme un combattant contre le hasard ([mot grec]) et il le prendra corps à corps : noble lutte où le sage, sûr de sa liberté supérieure, est sûr de son triomphe final. L'épicurien, ici, rivalise avec le stoïcien. L'avenir ne l'inquiète pas : que lui importe ce qui peut lui arriver ? Si c'est un mal, il l'évitera en déclinant, en écartant librement sa pensée et sa volonté, en s'écartant lui-même du monde, s'il le faut, par la mort volontaire.

La fortune, le hasard a si peu d'empire sur le sage, qu'il vaut mieux, dit Épicure, être infortuné avec la raison ([citation en grec]) que d'être fortuné sans la raison ([citation en grec]). La fortune n'apporte à la somme du bonheur nul bien et nul mal proprement dit, mais seulement les commencements des grands biens et des grands maux ; en d'autres termes elle donne au sage des instruments plus ou moins bons ; mais cet « ouvrier de bonheur », par l'habileté de sa main suppléant à l'imperfection de ses instruments de hasard, se sert également bien des uns et des autres. Il saisit, à mesure qu'ils se présentent à lui, tous les instants de la durée et toutes les sensations qu'ils amènent avec eux. Ces sensations que le temps apporte, le temps ne peut plus les remporter, car le sage, s'en emparant par le souvenir, les garde à jamais sous ses yeux. La mémoire, selon Épicure, est une œuvre de volonté : on peut toujours ne pas oublier. Pour le sage qui sait se souvenir, le présent est sans peine, l'avenir sans appréhension, le passé sans regret : bien plus, envers ce passé dont sa mémoire lui apporte toutes les jouissances, dont sa volonté et le temps lui retranchent toutes les douleurs, il n'éprouve pas seulement un sentiment négatif et passif, mais un véritable sentiment de gratitude, de reconnaissance ([mot grec]).

Que le hasard envoie donc au sage les choses les plus redoutables, la souffrance, la maladie, la torture ; qu'on le supplicie, qu'on le jette même « dans le taureau brûlant de Phalaris » : il restera libre, indépendant, sans trouble, appelant la fortune même à son secours, lui empruntant le souvenir des biens qu'elle a donnés et « l'anticipation » de ceux qu'elle donnera, pour effacer la sensation des maux qu'elle donne ; l'épicurien, en se renfermant ainsi en lui-même, en cherchant ce qu'il y a de meilleur dans sa vie passée ; y trouvera une force de résistance non moins grande que le stoïcien contre les obstacles de la vie présente : il sera heureux. « Hasard », s'écriait Métrodore, « je suis inaccessible à tes attaques ; j'ai fermé toutes les

« issues par où tu pouvais venir jusqu'à moi ! » L'âme du sage est donc libre, sereine, satisfaite et de soi et des choses. En présence de la douleur il lui suffira toujours, pour l'éviter, de ce *clinamen* qui se retrouve à des degrés divers dans la sagesse réfléchie de l'homme comme dans la spontanéité aveugle des choses : il lui suffira d'un simple mouvement en arrière ou en avant, d'un libre recul vers le passé ou d'un libre élan vers l'avenir ; il déclinera loin de la douleur, il lui échappera comme l'atome au destin, et il se retirera à l'écart, dans un calme plus inaltérable et dans une plus douce imperturbabilité. Ainsi le sage, étant libre, est « sans maître » ([mot grec]) il vit par cela même « au sein de biens immortels » ([citation en grec]) ; la déclinaison spontanée est devenue vertu et bonheur.

V. — Dans la conception épicurienne de la liberté, telle qu'elle ressort de cette étude, le point qui nous paraît le plus saillant et le plus original, c'est la solidarité étroite établie entre l'homme et le monde. D'habitude les partisans du libre arbitre sont loin de concevoir l'homme et le monde sur le même type : la liberté leur semble plutôt une puissance supérieure à la nature et divine qu'une puissance empruntée à la nature et qui se retrouve en ses éléments. De nos jours encore nous sommes portés à croire que la question de la liberté est une question exclusivement humaine, qu'elle nous regarde seuls, que nous pouvons nous retrancher dans notre for intérieur pour y discuter à loisir si nous sommes libres ou si nous ne le sommes pas. Nous nous imaginons aisément que l'univers entier peut être soumis à la fatalité sans que notre liberté, si elle existe, en reçoive d'atteinte. Mais alors, demande Épicure, cette liberté, d'où viendrait-elle ? « *unde est hœc, fatis avolsa, potestas ?* » comment pourrait-elle naître et subsister dans un monde absolument dominé par des lois nécessaires ? serions-nous donc des étrangers dans ce monde ? serions-nous tombés du ciel, comme Vulcain ? Si cela était, il faudrait supposer l'existence d'un Jupiter, d'un dieu, d'un maître ; nous reviendrions alors à l'esclavage dont Épicure veut nous faire sortir. Non, toutes les causes sont naturelles, et puisque « rien ne vient de rien, » notre liberté vient de la nature même. Il est curieux de voir Lucrèce invoquer ainsi en faveur de la déclinaison spontanée le fameux axiome *ex nihilo nihil* qu'on a précisément tant de fois opposé à cette hypothèse. Selon lui, ce qui est dans l'effet se trouve déjà dans les causes : si donc nous avons des mouvements spontanés, c'est que, dans tout mouvement, il peut y avoir quelque spontanéité si nous sommes vraiment libres de nous porter volontairement vers mille directions, il faut que toutes les parties de notre être, qui nous ont formés en s'assemblant, possèdent un pouvoir analogue, plus ou moins étendu, plus ou moins conscient, mais réel. Épicure arrive ainsi à nier l'inertie absolue de la matière, ou plutôt de ses éléments primitifs. C'est une sorte de dynamisme qu'il ajoute au mécanisme pur et simple de Démocrite.

Les adversaires d'Épicure ont essayé, comme nous l'avons vu, de sortir du dilemme qu'il leur posait : — ou la spontanéité dans les choses, ou la nécessité dans l'âme ; — mais il est douteux qu'ils y aient réussi. De nos jours le même dilemme se pose encore à nous. Au fond la nature n'est pas un tout absolument hétérogène ; nous portons en nous quelque chose de l'animal, l'animal quelque chose du végétal, le végétal quelque chose du règne qui le précède ; et tous ces êtres, à leur tour, doivent avoir en eux quelque chose de l'homme : « Tout est dans tout, » disait la parole antique. Qu'il y ait un seul être, une seule molécule, un seul atome dans l'univers où la spontanéité ne soit pas, la liberté ne pourra sans doute plus être en nous : tous les êtres sont solidaires. Inversement si la liberté humaine existe, elle ne peut être absolument étrangère à la nature, elle doit déjà s'y faire pressentir et graduellement sortir de son sein. Les ténèbres mêmes ont en elles quelque faible rayon de jour : si la nuit était absolument opaque, elle serait éternelle. En un mot, veut-on que l'homme soit libre, il faut qu'autour de lui tout possède aussi le germe de la liberté, que tout y tende, et que partout la spontanéité d'Épicure s'allie, pour organiser l'univers, au choc fatal de Démocrite.

Resterait à savoir si cette spontanéité universelle, cet élément de variabilité introduit dans l'univers, peut s'accorder avec les théories de la science moderne sur l'équivalence des forces et les lois mécaniques de l'évolution. C'est une question que nous n'avons pas à examiner. Nous avons voulu simplement chercher ici le vrai sens et montrer l'importance historique d'une des principales théories d'Épicure.